秦岭生物学野外综合实习基地指导丛书

# 植物学野外实习手册

## （修订版）


主　编　肖娅萍　田先华

副主编　李金钢　马　骥　田　陌



本教材由国家基础科学人才培养基金（J0730640，J1103511）资助出版

科 学 出 版 社

北　京

## 内 容 简 介

本书收录了秦岭地区蕨类植物17科31种，裸子植物6科15种，被子植物（包括单子叶植物和双子叶植物）97科410种，其彩色照片共718幅。全书分为两部分，第一部分包含植物学野外实习大纲、植物学野外实习目的、内容和要求以及野外实习注意事项和野外实习前的准备工作，本书增加了野外实习安全指南部分，关注学生自身安全，为学生提供野外安全指导。为了加深学生对秦岭的了解，还对秦岭山地的自然概况和植物群落进行了描述。第二部分包括蕨类植物、裸子植物和被子植物实习。

本书可作为在秦岭地区实习的农林院校、师范院校和综合性大学植物学实习以及中医中药学院学生药用植物实习的教学参考书，也适合秦岭及周边地区从事植物学相关工作的科研人员参考使用。

**图书在版编目（CIP）数据**

植物学野外实习手册／肖娅萍，田先华主编. —北京：科学出版社，2011.6
（秦岭生物学野外综合实习基地指导丛书）
ISBN 978-7-03-031536-6

I. ①植… II. ①肖… ②田… III. ①植物学-教育实习-高等学校-教学参考资料 IV. ①Q94-45

中国版本图书馆CIP数据核字（2011）第113475号

责任编辑：吴美丽 ／ 责任校对：张小霞
责任印制：赵 博 ／ 封面设计：北京华路天然图文设计工作室

科学出版社 出版
北京东黄城根北街16号
邮政编码:100717
http://www.sciencep.com
北京利丰雅高长城印刷有限公司 印刷
科学出版社发行 各地新华书店经销
*
2011年6月第 一 版 开本：720 × 1000 1/16
2017年1月第三次印刷 印张：9 1/2
字数：190 000

**定价：49.80元**

# 前 言

野外实习是生物学专业教学的重要组成部分，也是学生掌握和巩固课堂教学基础知识和基本技能的重要环节之一。本书是作者在陕西师范大学植物学教研室30余年教学实习和科学研究的基础上编著而成的。书中收录了秦岭地区蕨类植物17科31种，裸子植物6科15种，单子叶植物10科55种，双子叶植物87科355种共120科456种植物。每种均配有彩色照片，包括蕨类植物51幅，裸子植物30幅，单子叶植物89幅，双子叶植物448幅，总计718幅彩色照片，供学生及相关研究人员参考。

本书的特色体现在：首先，地域特色鲜明，秦岭野外实习基地2007年列入“国家自然科学基金人才培养项目生物学野外实习基地”建设项目，《植物学野外实习手册》属该项目建设内容之一，主要面对西北地区高等院校，体现地理区系特点。其次，突出了实习教材的实用功能，注重理论与实践相结合，手册集工具书与教科书于一体，既有系统性，又力求简练、实用，方便学生携带和使用。还有，注重教材的新颖性，手册图文并茂，既有多年野外工作经验的教师亲自拍摄的植物图片，又有简单明了的文字说明，使学生既能按图索骥，又可按照文字说明进行对比。手册还体现了人文关怀理念，首次将学生野外实习的安全问题置于本书中，在强调保护自然环境的同时，关注学生自身安全，为学生提供野外安全指导。

本书可作为在秦岭地区实习的农林院校、师范院校和综合性大学植物学实习以及中医中药学院学生药用植物实习的教学参考书，也适合秦岭及周边地区从事植物学相关工作的科研人员参考使用。

本书在编写过程中倾注了诸多参与实习教师的心血，但由于水平有限，疏漏甚至错误在所难免，敬请各位同行及广大读者批评指正，以便再版时改进。

另外，在此还要特别感谢任毅教授为本书提供了大量精美的种子植物照片。

编　者

2011年1月

# 目 录

# 植物学野外实习大纲



## 一. 实习主要内容

(1) 不同生境下植物主要类群的识别。

(2) 植物标本的采集和保存方法。

(3) 专题研究。

## 二. 教学方式

采取分组方式，学生在教师的带领下，进行野外观察，采集和制作植物标本。并组织小专题活动，自由结合成5　7人的小组，在教师的指导下，通过资料查询、调查研究和数据分析，写出实习报告或小论文。

## 三. 教学步骤

(1) 指导教师讲解实习地点的生态环境，实习内容和注意事项。

(2) 指导教师讲解实习的具体内容。

(3) 分组，到现场进行观察。

(4) 有选择地采集和制作植物标本。

(5) 每组选择一个专题进行较为深入的调查研究。

(6) 各组进行总结交流。

## 四. 实习成绩的评定

(1) 实习评估表（见下表）。

(2) 野外实习成绩的评定。

成绩评定包括组织评定和自我评定两部分。组织评定是由野外实习指导教师或挑选部分学生组成评定小组，进行公正合理的考评。自我评定由学生自我对照标准，进行全面地、实事求是地总结与评定。评定应力求做到：客观、公正、公开和具有可比性。组织评定成绩记为$T$（由评定小组评定），取权重0.6；自我评定成绩记为$S$（自我评定），取权重0.4，总成绩$M$=0.6$T$+ 0.4$S$。

**实习评估表**

| 一级指标 | 二级指标 | 考核标准 | 分值（$M_1$） | 评价等级（$K_1$） | | | | 标准分（$M_2$） |
|---|---|---|---|---|---|---|---|---|
| | | | | A 1.0 | B 0.8 | C 0.6 | D 0.4 | |
| 思想作风30分 | 目的态度 | 对实习目的、任务与要求明确，态度端正，听讲认真。 | 5 | | | | | |
| | 专业思想 | 专业思想稳定，勤奋好学。 | 5 | | | | | |
| | 道德品质 | 乐于助人，吃苦耐劳，讲究卫生，行为举止文明得体，环保意识强。 | 10 | | | | | |
| | 组织纪律 | 遵守校规校纪，不迟到与无故缺勤，听从指挥，不单独行动，集体、组织与时间观念强。 | 10 | | | | | |
| 专业素质40分 | 野外记录 | 有完整的野外记录，且野外记录规范，科学、整齐。 | 10 | | | | | |
| | 基础知识 | 专业基础理论和相关知识扎实，专业术语熟练、恰当。 | 10 | | | | | |
| | 操作技能 | 掌握野外实习的基本技能和一般方法，标本采集较多，数据准确，能熟练使用检索工具。 | 10 | | | | | |
| | 综合能力 | 能独立分析和解决实际问题。 | 10 | | | | | |
| 实习效果30分 | 实习报告 | 内容充实，客观科学，图文并茂，系统全面。书写认真，层次分明，条理清楚，语言流畅。 | 10 | | | | | |
| | 小论文 | 独立完成，有独到见解。 | 10 | | | | | |
| | 实习总结 | 对专业思想、道德品质、组织纪律和专业能力等进行综合性的总结。 | 10 | | | | | |
| 总分（$M$） | | | | | | | | |

注：$M_2=M_1\times K_1$

①$M>90$分为优秀 ②90分$>M>80$分为良好 ③80分$>M>70$分为一般 ④$M<70$分为及格

## II 植物学野外实习目的、内容和要求

野外实习是生物类本科生重要的学习内容和基本环节，不仅是对植物生物学、植物学等课程课堂知识和室内实验内容的必要补充，而且是以独特的形式与内容加深和扩展植物学的学习，旨在提高学生的野外实践和解决实际问题的能力。

首先，野外实习是在开放的环境中进行的，学生可以在教师的指导下，自主发现问题、解决问题，培养科学研究的观念和能力。

其次，自然界本身就是一本生动无比的教科书，通过野外实习，可以让学生感受到祖国山河的壮丽景观，培养学生热爱自然、保护生态环境的意识，激发学生积极探索自然奥秘的兴趣和勇气，而且还可以学到许多在课堂上学不到的知识，极大地开阔学生的视野，从而使学生更加热爱生物科学。



再次，野外实习日程安排很紧，这就不仅要求学生具有良好的身体素质，而且需要同学之间精诚团结合作的团队精神。实习结束后，学生的精神面貌会发生很大的变化。

最后，学生通过实习，会切身体会到祖国山河的壮丽。实习的过程，实际上也是一种陶冶情操的过程。另外，实习中也会发现许多不尽人意的现象和问题，如环境污染和生物多样性减少等，这会激发学生解决这些问题的愿望，以及为之献身的豪情。

总之，野外实习的效果是双重的，既有知识的，也有精神的。希望同学们做好充分的物质和精神准备，以达到我们实习的目的。

# III 野外实习注意事项

通过实习掌握不同生态环境中常见植物的种类、群落类型及分布规律，如灌木、针叶林、阔叶林、针阔混交林等，掌握植物的采集、压制、标本制作及物种鉴定等方法，理解植物与环境的关系，增强环境保护意识和植物保护意识。

**实习注意事项和纪律**

野外实习学生必须遵循以下管理准则。

(1) 服从管理，一切行动听指挥。

①实习学生必须服从实习队的统一领导，一切行动服从带队教师的安排，不得擅自行动，有事外出须向带队教师请假，且必须三人以上同行。

②学生住宿服从老师的安排，宿舍每天安排值日生，保持宿舍整洁、干净，不得在宿舍、水房、厕所堆垃圾和乱泼污水。

③严格作息制度，按时就寝。严禁酗酒，不得聚众赌博，打架斗殴。

④保护自然环境，爱护一草一木，未经带队教师同意，不得滥采标本。

(2) 要遵守当地政府的有关政策、法令和规定，尊重当地风俗习惯，尽量不干扰当地的经济和生活，讲文明懂礼貌，注重大学生的风范，与周围群众搞好关系，特殊事情第一时间联系带队教师。

(3) 要求学生在野外实习中多看、多听、多记、多问、多思。细心观察，勤于思考，认真做好实习记录，按时高质量地完成实习任务，提交实习报告、实习研究论文和个人实习小结。

(4) 提倡不怕苦、不怕累的精神，尊敬师长、关心同学、相互协作、助人为乐，发扬集体主义精神。

(5) 保证安全。野外实习、参观时遵从安全第一的原则，注意安全，不冒险，不擅自攀援或到危险的地方去，不随便采食野果，不在河道、水库中游泳、洗澡，有问题及时与带队教师联系。

(6) 学生干部要以身作则，积极配合教师搞好实习中的各项工作。有违犯纪律者，实习领导小组有权给予纪律处分，并将其遣送回校，实习成绩以零分计算。

# IV 野外实习安全指南

## 一、基本事项

虽然出野外并不需要特别的技巧，但如果有适当的训练和准备将有助于应付大自然多端的变化，减少意外发生的机率。依据前人经验提供的紧急事故应变措施可帮助大家减少意外的发生，尽可能保证实习安全。请谨记，以下安全指南仅供参考，如有任何意外发生，应尽快求助。

## 二、教师篇

出野外前，教师须对每条线路有详细的行程安排。

1. 如果线路难度高且学生人数多，最好有两个或两个以上教师带队。
2. 野外行进中要适当控制队伍行进速度，保持节奏，以免首尾脱节。
3. 密切留意学生的体力情况，发觉有状态不佳者时，应派专人予以照顾，或尽快送回驻地，确保学生安全。
4. 如遇天气变坏，应考虑缩短或取消野外采集。
5. 切勿随意更改既定路线或带领学生尝试行走杂草丛生的捷径。
6. 对于学生的个人冒险行为要坚决予以制止。

## 三、学生篇

1. 出野外途中要绝对服从教师指挥。
2. 实习中避免单独行动，坚决反对个人的冒险行为，因为这是对其他同学的不负责任。
3. 切勿采摘不熟悉的野生果实食用或饮用不确定水源的水。
4. 未经教师允许，切勿离开现成的山路而随意步入草丛或树林。
5. 避免站立崖边或攀爬石头拍照或观景。

## 四、意外事件的处理

### （一）自然灾害

#### 1. 山火

在干燥的天气下，山火于较斜的草坡顺风向上蔓延速度极快，绝不可轻视山火的威力。

如发现山火，要迅速远离火场。躲避时避免跟山火蔓延方向的同一方向走。选择少植物的地方走。切勿走进矮小密林及草丛，因为山火在这些地方可能会蔓延得更快而且热力也较高。若山火迫在眉睫又无路可逃，则应用衣物包掩外露皮肤逃进已焚烧过的地方，这样可减轻身体受伤的机率。如果情况允许的话，切勿往山上走，这样会消耗体力，减少逃生机会。

#### 2. 山洪暴发

山间小溪的流水往往由于上游降下大雨，雨水会集涌而下，在数分钟内演变为巨大山洪。

除非是必须，否则不要沿溪涧河道行走。暴雨后千万不要涉足溪涧。不能逗留在河道休息，尤其在下游。开始下雨时应迅速离开河道，往两岸高地走。切勿尝试越过已被河水盖过的桥梁。

发现流水湍急、混浊及夹杂沙泥时，是山洪暴发的先兆，应迅速远离河道。若不幸掉进湍急的河水里，应迅速抱紧或抓紧岸边的石块、树干或藤蔓，设法爬回岸边或等候救援。

#### 3. 山体塌方

暴雨时或经连日大雨，山体的天然或人工斜坡经渗进大量雨水后，极易引致山泥倾泻，引发山体塌方。

通常斜坡底部或疏水孔有大量泥水透出时，显示其内水份已饱和，斜坡中段或顶部有裂纹或有新形成的梯级状，露出新鲜的泥土，这些都是山泥倾泻的先兆，应尽快远离这些斜坡。实习中若遇山泥倾泻阻路，绝对不能尝试从浮泥上行进，应立刻后退，另寻安全小径继续行程或中止行程返回。

### （二）迷路

在天气阴霾、有雾或自身准备不足的情况下，很容易导致迷路。

实习过程中要紧随教师，不要脱离大家独自行动，可避免迷路。若确需几个人行动时，谨记带够必需物品，如指南针、水、食物、雨具、哨子、手机、记事簿（或扑克牌）和笔等。进林子后每走100米左右在比较显眼之处放一张扑克牌，至少可放5400米左右，以防迷路。万一迷路，可经原路返回起点。若不能经原路返回起点，应留在原地等候救援。切勿再向前行进，以免消耗体力，增加救援难度。若决定继续前进，要先用指南针确定方向，寻路时应在每一路口留下明显标记。如未能辨认位置，应往高地走，居高临下较易辨认方向，也容易被救援人员发现。切忌走向山涧深谷，身处深谷不易辨认方向，向下走时虽容易，但下山危险性高，要再返回高地时也困难，导致体力消耗过量。

### （三）危险动物

#### 1. 蛇

本地区的蛇一般都非常怕人，除非它们认为受到威胁，否则一般不会主动攻击人，只要给予机会，它们多数会逃走。

出野外时应穿着长裤和高帮鞋。沿现成的小径行走，切勿自行闯路，走草丛和杂树林。遇到蛇时，保持镇定不动，让受惊的蛇尽快逃走。蛇的视力很好，受到快速动作刺激时，多数立刻反击。若不幸被蛇咬伤，应注意以下事项：

①除非专业人士，否则不要割开伤口的皮吮吸或洗涤。让伤者躺下，停止伤处活动，但不要抬高伤处。不可喝酒，亦不应作不必要的活动。如果带有蛇药，应尽快内外服用。

②在可能情况下，用绷带缚扎伤口以上的部位。如伤口在手脚，可用宽阔的绷带包裹伤口以上的部位。

③安慰伤者。

④尽快到医院求治。如有可能的话，辨别毒蛇的种类、颜色和斑纹，如咬人的蛇已被捕捉到，应一并送往医院，以便医护人员辨认，使用合适的血清。

#### 2. 蜂

在山区，经常会发现蜜蜂、地蜂或马蜂，实习中要小心避免误触蜂巢，以免引起蜂群的攻击，受到螫伤。

实习中要走已有的小路，切勿自行闯路，除非必要须避免进入蕨丛，那里通常是昆虫和黄蜂聚居的地方。若遇到蜂窝，切勿用树枝等拍打路边树丛，可绕路前进。避免使用芬芳味的化妆品，这些味道可能吸引蜜蜂。若遇一、两只蜂在头上盘旋，可以不加理会，照常前进。若被蜂蜇，看到有螯针，可用镊子拔除，千万不要挤压毒囊，以免剩余的毒素进入皮肤。被螯后可用冷水浸透毛巾，轻敷在伤处，减轻肿痛。严重螯伤应尽快求医。若遇到群蜂追袭，可原地坐下不动，用外衣覆盖头颈部，卷曲卧在地上，待蜂群散开后，再慢慢撤离。

**3. 蚂蟥**

蚂蟥又名蛭，是一种高度特化的吸血环节动物。蚂蟥的头部有吸盘，并有麻醉作用，一旦附着在皮肤上，不容易被感觉到。本地区常见的蚂蟥为旱蚂蟥。旱蚂蟥的“老巢”多在溪边杂草丛中，尤其是在堆积有腐败的枯枝烂叶和潮湿隐蔽的地方较多。蚂蟥叮人吸血后容易引起感染，所以我们应该学会保护自己。穿长裤，并且把袜子套于裤腿外，扎紧裤脚，因为蚂蟥是无孔不入的。

如被蚂蟥叮咬，或发现它正在吸血时，切勿惊恐，不可用手指强拉，以免将蚂蟥的颚片和口吸盘部分留在伤口内，造成久不愈合的溃疡。正确的处理方法是：用手掌连续拍击周围的皮肤，使其受震掉下；也可将浓盐水、酒精、食醋滴在它的身上，或用火柴把它烧一下，蚂蟥即会放松而自行脱落。创口处涂上红汞或紫药水，防止感染。若出血不止，可用无菌敷料加压包扎。

## （四）危险植物

山区有些植物也会构成危险。如漆树可导致部分人过敏；有刺植物可刺伤手脚；尤其是有些蘑菇或野果有毒，进食会致病甚或致命。所以实习时应尽可能注意以下事项：

1. 避免走入生长茂密的丛林中。
2. 最好带上手套，用手抓植物时，仔细留意是否有针刺。
3. 切勿用手接触漆树，万一接触漆树，引起皮肤过敏时，应立即求医诊治。
4. 不能随便采摘不认识的蘑菇或野果食用，如果误食应立即求医诊治。

# 野外实习前的准备工作



## 一、实习用具

记录本，HB铅笔，放大镜，标本号码牌，棉线团，吸水纸，标本夹，粗绳索，小铁锹，修枝剪，采集袋，干燥箱，野外实习报告册，笔记本等。

## 二、药品

风油精，创可贴，蛇药，抗感冒药物，止泻药和抗过敏药物等。

## 三、工具书

《秦岭植物志》，《中国高等植物图鉴》，《中国植物志》，《植物学野外实习指导》等。

## 四、个人日常生活用品

登山服1套（较厚的运动服或军训服），登山鞋1双（运动鞋或其他平底耐磨鞋，最好是高帮鞋），登山包1个，太阳帽或军帽1个，布袜2双（足球袜或其他厚、长、孔眼小的袜子）（防蛇及蚂蟥用），手套1双，水壶1个（或较大的矿泉水瓶），雨伞1把以及正常洗换衣服、脸盆、热水壶、饭碗等个人日常生活用品。

# 秦岭山地概况



## 秦岭的自然概况

秦岭地处陕西省南部，是横穿中国东西总长达1500 km的大山系，主峰太白山海拔3767m。它从青海省的西倾山起，中经陇南、陕西，到鄂豫皖的大别山，在陕西境内连绵约500 km，是黄河、长江两大水系的分水岭和我国南北方的地理分界线，也是中国南北气候分界线。秦岭北坡为温带气候，南坡为亚热带气候，植被景观分界明显。由于其南北高低气候温差都很大，所以动植物资源非常丰富，因此秦岭又是重要的生物基因库，也是我国首批十二个国家级生态功能保护区之一。在秦岭连绵的原始森林中分布着大量国家珍稀保护植物，国家一级保护植物有红豆杉、独叶草，还有大量的中国特有或准特有植物，常见有山白树、水青树、连香树、领春木、串果藤、星叶草等。秦岭地区共记录到鸟类338种。在这些鸟类中有国家保护鸟类、特有鸟类近20种，其中朱鹮是世界瞩目的珍稀鸟类。目前已知的兽类约有140种，其中国家一类保护物种8种，二类保护物种11种。大熊猫、金丝猴、羚牛等中国特有的珍稀物种均在该区有分布。

## 秦岭的植物群落

秦岭南坡低山丘陵区属北亚热带，气候温暖，雨量较多。多数人认为，北亚热带与暖温带的分界线应是秦岭南坡海拔800～1000m等高线。秦岭南坡中高山地（海拔1000m以上）为水源涵养用材经济林区，其东段和中、西段在气候、森林分布和林相都有明显的差异。

秦岭林区属于暖温带落叶阔叶林地带和北亚热带常绿落叶阔叶混交林地带，有林地面积占全省有林地总面积的54%，是陕西省最大最主要的林区。绝大部分为次生林，原始林主要分布在太白、周至、佛坪、宁陕等县的人烟稀少、交通不便的高山区。森林主要分布于高中山区的中西段。东部的商洛地区，森林破坏严重，林相残败，覆被率低。秦岭南北坡的浅山区，森林破坏极为严重，绝大部分成为荒山秃岭或呈灌木林状态。秦岭山体庞大，自然条件复杂，分布有相当丰富的植物，它含有华北、华中和华西的区系成分，并具有明显的垂直分布带谱。除南北坡基带具有明显的不同外，其余各带南北坡只有量上和高度上的微小差异（南坡各带海拔范围比北坡一般要升高100～200m）。

植被分布自下而上依次为：

### 1）秦岭北坡山麓侧柏林带

主要分布于海拔800m以下地区，以侧柏*Platycladus orientalis*为主，生长缓慢，人为破坏严重，呈片状分布，已不成带。

### 2）秦岭南坡具有常绿阔叶的针阔叶混交林带

主要分布于海拔1000m以下地区，主要成林树种为麻栎*Quercus acutissima*、马尾松*Pinus massoniana*、侧柏，呈块状分布，并有油桐*Vernicia fordii*、棕榈*Trachycarpus fortunei*、杉木*Cunninghamia lanceolata*、油茶*Camellia oleifera*、枇杷*Eriobotrya japonica*、金桂*Osmanthus fragrans*等。原有的天然林破坏殆尽，多为栽培的人工林。

### 3）松栎林带

主要分布于海拔800～2200m之间，它是所有带谱中面积最大的一个带。本带可分为两个亚带：

①以栓皮栎为主的栎林亚带

分布于海拔800～1300m的范围内，栓皮栎*Quercus variabilis*林占绝对优势，多为萌生林，林相不整齐，只有在交通不便的地方才有实生林，林相较好。以茅栗*Castanea seguinii*、槲树*Q. dentata*、化香树*Platycarya strobilacea*为优势的林分也有分布，其他树种主要为山杨*Populus davidiana*、锐齿槲栎*Q. aliena* var. *acuteserrata*、枫杨*Pterocarya stenoptera*等。在南坡尚有青冈栎*Cyclobalanopsis glauca*、曼青冈*C.oxydon*、玉兰*Magnolia denudata*等，在农田附近有杉木、油桐等。

②夏绿阔叶松树林亚带

分布于海拔1100～2200m的范围内，所占面积最大，种类繁多，尤以南坡为甚。主要树种为华山松*Pinus armandi*、油松*P. tabulaeformis*、山杨*Populus davidiana*、锐齿槲栎、亮叶桦*Betula luminifera*、铁杉*Tsuga chinensis*、漆树*Toxicodendron verniciflluum*、白皮松*Pinus bungeana*等40余种。华山松主要分部于南坡的西部，海拔范围在1700～2200m之间，大小蠹为害严重。油松分布于海拔1100～2000m，集中分布于南坡，西部较少，向东逐渐增加，而形成纯林，病虫害较少。山杨林分布于海拔1100～2200m的范围内，多呈块状分布，在上部多与华山松伴生，病腐较轻。栎类主要分布于1100～1800m的范围内，以锐齿栎为主，辽东栎*Q. liaodongsis*主要分布在上部，面积很小。

### 4）桦木林带

主要分布于海拔2100～2600m之间，主要树种为红桦*Betula albo-sinensis*和牛皮桦*B. utilis*，多在2200～2500m之间形成纯林。牛皮桦分布于上部，大面积的林分多分布于北坡，林相较差。红桦多分布于山坡的中下部，林相较为整齐。

### 5）冷杉林带

主要分布于海拔2400～3000m之间，主要树种为巴山冷杉*Abies fargesii*。分布面积大，范围广。一般都能形成林相整齐的林分，主要集中分布于秦岭北坡海拔2800～3000m的地段，南坡则分布于海拔2650　3000m的地段。

### 6）落叶松林带

主要分布于海拔3000～3400m之间，生长缓慢，树干弯曲、矮小，林相不整齐。

### 7）高山灌丛带

主要分布于海拔3400m以上地区，主要灌木为头花杜鹃*Rhododendron capitatum*、杯腺柳*Salix cupularis*及高山绣线菊*Spiraea alpina*，一般生长矮小，高度多不过50cm。草本植物则以莎草科、禾本科、菊科、豆科、龙胆科植物为主。

# VII 蕨类植物

图1-1 兖州卷柏植株

## 1. 卷柏科 Selaginellaceae

### （1）兖州卷柏 *Selaginella involvens* (Sw.) Spring

石生，旱生，直立，具根状茎和游走茎，其上生鳞片状淡黄色的叶。具根托。主茎自中部向上羽状分枝。叶交互排列，二型。孢子叶一型，大小孢子叶相间排列。大孢子白色或褐色，小孢子桔黄色。秦岭有分布。（图1-1）

图1-2 卷柏植株

### （2）卷柏 *S. tamariscina* (P. Beauv.) Spring

土生或石生，呈垫状。根托生于茎的基部。主茎自中部开始羽状分枝或不等二叉分枝。叶全部交互排列，二型。孢子叶穗紧密，四棱柱形，单生于小枝末端。孢子叶一形。大孢子浅黄色，小孢子桔黄色。秦岭分布广泛。（图1-2）

图1-3 伏地卷柏植株

### （3）伏地卷柏 *S. nipponica* Franch.

土生，匍匐。叶全部交互排列，二型。孢子叶穗疏松，单生于小枝末端。大孢子橘黄色，小孢子橘红色。秦岭广泛分布。（图1-3）

## 2. 木贼科 Equisetaceae

### （1）木贼 *Equisetum hyemale* L.

根状茎横走或直立，节和根有黄棕色长毛。地上枝多年生。枝一型。绿色，不分枝或基部有少数直立的侧枝。叶鳞片状，轮生。孢子囊穗顶生。秦岭普遍分布。（图2-1，图2-2）

**图2-1** 木贼群落

**图2-2** 木贼孢子叶球



### （2）节节草 *Equisetum ramosissimum* Desf.

根状茎横走，黑色。地上枝多年生，一型，绿色，茎中心孔大，多分枝。节间基部的叶鞘筒状，叶鞘齿短三角形，灰色，近膜质。以根茎或孢子繁殖。根茎早期3月发芽，4月产孢子囊穗，成熟后散落。生于潮湿路边、砂地、低山砾石地，广泛分布在秦岭各地。（图2-3）

**图2-3** 节节草植株

## 3. 瓶尔小草科 Ophioglossaceae

### 心叶瓶尔小草 *Ophioglossum reticulatum* L.

植株高20　40cm。根状茎短而直立，粗约6mm其上生有一簇肉质粗根。叶单生，营养叶卵圆形成近圆形，长宽几乎相等，基部心脏形，有短柄或几乎无柄。叶脉明显，网状。叶薄草质，绿色。孢子叶自营养叶基部生出，孢子囊穗长2.5　3.5cm。生于河边林下或竹林下，分布于秦岭海拔1300m左右。（图3-1，图3-2）

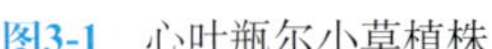

图3-1　心叶瓶尔小草植株

图3-2　心叶瓶尔小草孢子囊穗

## 4. 阴地蕨科 Botrychiaceae

### （1）蕨萁 *Botrychium virginianum* (Linn.) Sw.

陆生植物，根状茎短而直立，生有一簇肉质粗根。叶二型，不育叶片为阔三角形，薄草质，三回羽状复叶。孢子叶自不育叶片的基部抽出，柄长14　18cm，孢子囊穗为松散复圆锥状，成熟后高出于不育叶片之上，直立，几光滑或略有疏长毛。生林下，分布于秦岭南坡海拔1200　1600m之间。（图4-1，图4-2）

图4-1　蕨萁不育叶

图4-2　蕨萁有孢子囊穗植株

### （2）劲直阴地蕨 *Botrychium strictum* Underw.

根状茎短而直立，营养叶为广三角形，三回羽状深裂或近于三回羽状，孢子叶自营养叶的基部生出。孢子叶长几乎等于营养叶或较短，孢子囊穗复穗状线形、笔直，小穗长约1cm，密集。（图4-3，图4-4）

图4-3 劲直阴地蕨植株

图4-4 劲直阴地蕨孢子囊穗



## 5. 紫萁科 Osmundaceae

### 紫萁 *Osmunda japonica* Thunb.

中型陆生蕨类。植株高达1m左右。根状茎短粗，斜升。叶簇生，二型，幼时密被绒毛，随后脱落；不育叶片三角状阔卵形；孢子叶强度收缩，沿主脉两侧背面密生孢子囊。生于林下或溪边酸性土壤上，秦岭南坡有分布。（图5-1）

图5-1 紫萁不育叶

## 6. 海金沙科 Lygodiaceae

### 海金沙 *Lygodium japonicum* (Thunb.) Sw.

陆生攀援植物。根茎细长，横走，有毛而无鳞片。叶单轴型，叶轴为无限生长，细长，缠绕攀援，高1～4m；羽片二型，不育羽片尖三角形，二回羽状；能育羽片较狭，边缘生有流苏状孢子囊穗，由两行并生的孢子囊组成，并被由叶边外长出来的一个反折小瓣包裹。孢子囊梨形。生于山坡草丛或灌木丛中。分布于秦岭南坡。（图6-1，图6-2）

图6-1 海金沙植株

图6-2 海金沙能育叶

## 7. 碗蕨科 Dennstaedtiaceae

### 溪洞碗蕨 *Dennstaedtia wilfordii* (Moore) Christ

根状茎细长横走，疏被棕色节状长毛。叶远生或近生。叶柄基部栗黑色，向上红棕色，光滑无毛。叶片长圆披针形，2 3回羽状深裂。孢子囊群圆形，生末回小羽片的腋内或上侧小裂片先端。囊群盖半圆形，淡绿色。广布于秦岭各地。（图7-1，图7-2）

**图7-1** 溪洞碗蕨群落

**图7-2** 溪洞碗蕨植株

## 8. 蕨科 Pteridiaceae

### 蕨 *Pteridium aquilinum* (L.) Kuhn var. *latiusculum* (Sesv.) Underw.

大型陆生植物，植株高可达1m。根状茎长而横走，有黑褐色茸毛。叶远生，近革质，叶片阔三角形或矩圆三角形，三回羽状或四回羽裂。孢子囊群生小脉顶端的联结脉上，沿叶缘分布；有变质的叶缘反折而成的假盖。生于林缘及荒坡，分布于秦岭南坡。（图8-1，图8-2）

**图8-1** 蕨植株

**图8-2** 蕨叶背面示孢子囊群

## 9. 凤尾蕨科 Pteridaceae

### 蜈蚣草 *Pteris vittata* L.

多年生草本。根状茎短，被线状披针形、黄棕色鳞片。叶丛生，直立，干后棕色，叶柄、叶轴及羽轴均被线形鳞片；叶矩圆形至披针形，1回羽状复叶；叶近革质，两面无毛。孢子囊群线形，囊群盖同形，膜质，黄褐色。生于山坡、路边的钙质土或石灰岩壁缝中。秦岭南部广泛分布。（图9-1，图9-2）

**图9-1** 蜈蚣草植株

**图9-2** 蜈蚣草叶背面示孢子囊群



## 10. 中国蕨科 Sinopteridaceae

### 银粉背蕨 *Aleuritopteris argentea* (Gmel.) Fee.

根状茎直立或斜升。叶簇生。叶柄红棕色，有光泽。叶片五角形，上面光滑，下面被乳白色或淡黄色粉末，裂片边缘有明显而均匀的细齿牙。孢子囊群外被假囊群盖，连续。生于石灰岩石缝中或墙缝中，秦岭有分布。（图10-1，图10-2）

**图10-1** 银粉背蕨植株

**图10-2** 银粉背蕨叶背面示孢子囊群

## 11. 铁线蕨科 Adiantaceae

### （1）掌叶铁线蕨 *Adiantum pedatum* L.

根状茎直立或横卧，被棕色阔披针形鳞片。叶簇生或近生。叶片阔扇形，羽片线状披针形。孢子囊群每小羽片4 6枚，生于裂片先端的浅缺刻内。假囊群盖长圆形或肾形。生于秦岭海拔350 3500m的林下沟边。（图11-1，图11-2）

**图11-1** 掌叶铁线蕨植株

**图11-2** 掌叶铁线蕨叶背面示孢子囊群

**图11-3** 白背铁线蕨群落

### （2）白背铁线蕨 *A. davidii* Franch.

多年生草本。根茎细长，横走。叶远生；叶柄圆而细弱，有光泽，紫褐色；叶片三角状卵圆形，3回羽状复叶，叶绿色；叶脉扇状分离。孢子囊在每末回小羽片上1 枚；囊群盖棕色，圆肾形。秦岭广泛分布。（图11-3）

## 12. 裸子蕨科 Hemionitidaceae

### （1）金毛裸蕨 *Paragymnopteris vestita* (Wall. ex Hook.) Shing.

根状茎横卧或斜升，密被黄棕色、狭披针形鳞片。叶簇生或近生。叶柄圆柱形，棕色或老时栗黑色。叶片卵状披针形，一回羽状。叶片软革质，两面被毛，上面绿色，较少，下面棕色，浓密。孢子囊群沿侧脉着生，被绢毛所覆盖。秦岭广泛分布。（图12-1，图12-2）

图12-1　金毛裸蕨植株

图12-2　金毛裸蕨叶背示绢毛



### （2）普通凤丫蕨 *Coniogramme intermedia* Hieron.

根状茎横走。叶近生。叶柄基部疏被鳞片，向上光滑无毛。叶片卵状披针形，1-2回羽状。侧生羽片近对生，基部1对羽片最大。孢子囊群线形，沿侧脉着生。广泛分布于秦岭各地。（图12-3，图12-4）

图12-3　普通凤丫蕨植株

图12-4　普通凤丫蕨叶背示孢子囊群

## 13. 球子蕨科 Onocleaceae

### （1）荚果蕨 *Matteuccia struthiopteris* (L.) Tod

根状茎直立。叶簇生，二型。不育叶二回深羽裂，叶柄基部三角形，具龙骨状突起，叶片椭圆披针形至倒披针形，向基部逐渐变狭。能育叶倒披针形，一回羽状，羽片两侧强度反卷成荚果状，呈念珠形，深褐色。生于海拔1000m　2700m的林下溪边，秦岭地区广泛分布。（图13-1，图13-2）

图13-1　荚果蕨植株

图13-2　荚果蕨能育叶

### （2）东方荚果蕨 *Matteuccia orientalis* (Hook.) Trev.

根状茎先端及叶柄基部密被鳞片。不育叶二回深羽裂，基部不变狭，叶脉明显。能育叶深紫色，平直而不呈念珠状。生于海拔1000m　2700m的林下溪边，秦岭地区广泛分布。（图13-3）

### （3）中华荚果蕨 *Matteuccia intermedia* C.Chr.

根状茎短而直立，不育叶基部尖削而黑色，叶片下部有2　3对羽片略缩短，中部羽片最大，叶轴、羽轴被狭披针形棕色小鳞片。能育叶较小，羽片两侧向背面翻卷成荚果状，无柄，深紫色，孢子囊群无盖。秦岭地区有分布。（图13-4）

图13-3　东方荚果蕨植株

图13-4　中华荚果蕨植株

## 14. 岩蕨科 Woodsiaceae

### 耳羽岩蕨 *Woodsia polystichoides* Eaton.

根状茎短而直立，先端密被鳞片。叶簇生。叶柄上部具关节；叶片线状披针形，向基部渐变狭，一回羽状；羽片基部上侧呈耳形突起。孢子囊群圆形，近叶边着生。生于林下石上或山谷石缝间，秦岭广泛分布。（图14-1，图14-2）

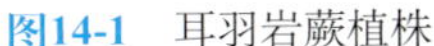

图14-1　耳羽岩蕨植株

图14-2　耳羽岩蕨叶背面示孢子囊群



## 15. 铁角蕨科 Aspleniaceae

### 过山蕨 *Camptosorus sibiricus* Rupr.

小型，石生。根状茎短而直立，顶部密生披针形黑褐色小鳞片。叶簇生；基生叶不育，较小，椭圆形，钝头；能育叶较大，披针形，先端渐尖，延伸成鞭状，能着地生根，产生新株。叶脉网状。叶草质，干后暗绿色，无毛。孢子囊群线形或椭圆形，在主脉两侧各形成不整齐的1 3行。囊群盖狭，同形膜质，开口向主脉或叶边。秦岭地区有分布。（图15-1，图15-2）

图15-1　过山蕨植株

图15-2　过山蕨叶背面示孢子囊群

## 16. 鳞毛蕨科 Dryopteridaceae

### （1）鞭叶耳蕨 *Polystichum craspedosorum* (Maxim.)

多年生草本植物。根茎直立，密生披针形棕色鳞片。叶簇生，叶片线状披针形或狭倒披针形，一回羽状复叶；叶轴先端延伸成鞭状，顶端有芽胞能萌发新植株。孢子囊群生在羽片上侧近叶缘排成一行；囊群盖大，圆盾形。喜阴湿，对土壤有较强的适应能力。广布于秦岭各地。（图16-1，图16-2）

图16-1　鞭叶耳蕨植株

图16-2　鞭叶耳蕨叶先端

### （2）革叶耳蕨 *Polystichum neolobatum* Nakai

根茎直立，密生披针形棕色鳞片。叶簇生，叶片狭卵形或宽披针形，革质，二回羽状，沿叶轴密生披针形和狭披针形鳞片，强烈扭曲。孢子囊群位于主脉两侧，囊群盖圆形，盾状，全缘。生于林下或山谷中湿润处。广泛分布于秦岭各地。（图16-3，图16-4）

图16-3　革叶耳蕨植株

图16-4　革叶耳蕨叶背面示孢子囊群

图17-1　毡毛石韦植株

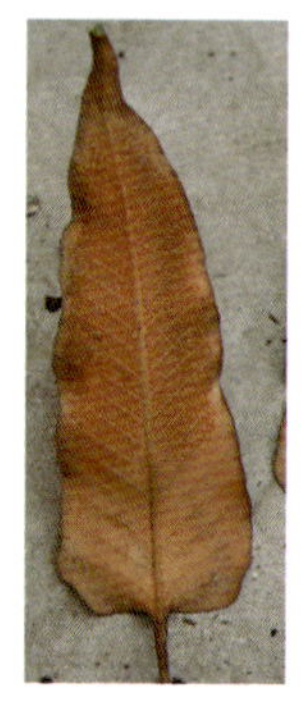

图17-2　毡毛石韦叶背面示孢子囊群

## 17. 水龙骨科 Polypodiaceae

### （1）毡毛石韦 *Pyrrosia drakeana* (Franch.) Ching

根状茎横卧。叶近生，叶柄基部密被鳞片，叶片阔披针形，上面光滑无毛，下面被两种星状毛。孢子囊群圆形，整齐地成多行排列于侧脉之间，幼时被星状毛覆盖，呈淡棕色，成熟时呈砖红色。秦岭地区广泛分布。（图17-1，图17-2）

### （2）有柄石韦 *P. petiolosa* (Christ) Ching

根状茎横走，幼时密被披针形棕色鳞片。叶远生，一型；具长柄，基部被鳞片，向上被星状毛，棕色或淡棕色。叶片椭圆形，基部下延，下面被厚层星状毛，初为淡棕色，后为砖红色。孢子囊群布满叶片下面。附生于干旱裸露岩石上。秦岭地区有分布。（图17-3）

**图17-3** 有柄石韦植株



### （3）有边瓦韦 *Lepisorus marginatus* Ching

根状茎横走，密被棕色软毛和鳞片。叶近生或远生。叶柄光滑，叶片披针形，向基部渐变狭并长下延，叶边有软骨质的狭边。孢子囊群圆形或椭圆形，生于主脉与叶边之间，彼此远离。附生于树干或岩石上。广布于秦岭各地。（图17-4，图17-5）

**图17-4** 有边瓦韦植株

**图17-5** 有边瓦韦叶背面示孢子囊群

### （4）水龙骨 *Polypodiodes nipponica* (Mett.) Ching

根状茎长而横走，近光滑或疏被鳞片。叶远生。叶片卵状披针形至长椭圆状披针形，羽状深裂，基部心形，顶端羽裂渐尖。孢子囊群圆形，在裂片中脉两侧各一行。附生于树干或岩石上。秦岭地区广泛分布。（图17-6）

**图17-6** 水龙骨植株

### （5）石蕨 *Saxiglossum angustissimum* (Gies.) Ching

附生蕨类。根状茎细长横走，密被鳞片。叶远生，几无柄，基部以关节着生。叶片线形，钝尖头，基部渐狭缩，边缘向下强烈反卷。孢子囊群线形，沿主脉两侧各成一行，幼时被反卷叶边覆盖，成熟时外露。附生于树干或石上。秦岭地区广泛分布。（图17-7，图17-8）

**图17-7** 石蕨植株

**图17-8** 石蕨叶背面示孢子囊群

**图17-9** 抱石莲群落

### （6）抱石莲 *Lepidogrammitis drymoglossoides* (Baker) Ching

根状茎细长横走，被钻状披针形鳞片。叶远生，二型。不育叶长圆形至卵形，能育叶舌状或倒披针形。叶上表面光滑，下表面疏被鳞片。孢子囊群圆形，沿主脉两侧各成一行。附生于树干或岩石上。广布于秦岭各地。（图17-9）

# VIII 裸子植物

## 1. 银杏科 Ginkgoaceae

### 银杏（公孙树、白果树）*Ginkgo biloba* L.

落叶乔木，具长短枝。叶扇形，具二分叉叶脉。孢子叶球雌雄异株，大孢子叶球具长柄，柄端生2枚胚珠；小孢子叶球柔荑花序状。种子熟时呈黄色，内种皮骨质，白色。秦岭低海拔地区多有栽培。（图1-1至图1-3）

图1-1 秦岭南坡的古银杏树

图1-2 银杏小孢子叶球

图1-3 银杏成熟的种子



## 2. 松科 Pinaceae

### （1）雪松 *Cedrus deodara* (Roxb.) G. Don

常绿乔木，具有长短枝。叶针形。孢子叶球单性雌雄同株，小孢子叶球于头年秋季生出，成短柱状；大孢子叶球卵形。球果第二年秋季成熟。秦岭各地常见栽培。（图2-1至图2-3）

图2-1 栽培的雪松

图2-2 雪松的小孢子叶球

图2-3 雪松球果（叶创新拍）

### （2）松属 *Pinus* Linn.

常绿乔木；叶为针形，常2　5枚成束生长，孢子叶球雌雄同株，球果隔年成熟。秦岭地区常见松属植物有4种，即油松*P. tabulaeformis* Carr.、华山松*P. armandi* Franch.、马尾松*P. massoniana* Lamb.和白皮松*P. bungeana* Zucc. ex Endl.。(图2-4至图2-9)

**图2-4**　油松带球果枝条

**图2-5**　华山松林

**图2-6**　华山松球果

**图2-7**　马尾松带小孢子叶球枝条

**图2-8**　马尾松成熟球果

**图2-9**　白皮松带球果枝条

### （3）太白红杉（太白落叶松）*Larix chinensis* Beissn.

落叶乔木，具有长短枝。叶扁平条形。孢子叶球单性，雌雄同株。球果直立，当年成熟，苞鳞较种鳞长。种鳞革质，宿存。秦岭地区太白山海拔2800m以上的高山地区有分布。（图2-10至图2-13）

**图2-10** 太白红杉林

**图2-11** 太白红杉带球果枝条

**图2-12** 华北落叶松*Larix principis-rupprechtii* Mayr 大孢子叶球

**图2-13** 华北落叶松幼嫩球果



### （4）巴山冷杉 *Abies fargesii* Franch.

常绿乔木。叶扁平条形，背面具白色气孔带。孢子叶球单性，雌雄同株，大孢子叶球短圆柱形，苞鳞大于种鳞。球果直立，成熟时淡紫色、紫黑色或红褐色。我国特有种，秦岭有分布。（图2-14，图2-15）

**图2-14** 巴山冷杉植株

**图2-15** 巴山冷杉球果

## 3. 杉科 Taxodiaceae

### （1）水松 *Glyptostrobus pensilis* (Staunt.) Koch

半常绿乔木。叶有3种类型，鳞叶宿存，条形叶及条状钻形叶冬季脱落。孢子叶球雌雄同株，生于小枝的顶端，小孢子叶球椭圆形，大孢子叶球球形或卵状椭圆形。球果倒卵圆形，直立。秦岭南坡低海拔地区有栽培。（图3-1，图3-2）

图3-1　水松植株

图3-2　水松枝条



### （2）柳杉 *Cryptomeria fortunei* Hooibrenk ex Otto et Dietr.

常绿乔木。叶钻形，在小枝上呈5行排列。孢子叶球单性，雌雄同株，小孢子叶球单生叶腋；大孢子叶球单生枝端。苞鳞与珠鳞合生，球果近球形。秦岭地区有分布。（图3-3，图3-4）

图3-3　柳杉植株

图3-4　柳杉小孢子叶球

### （3）杉木 *Cunninghamia lanceolata* (Lamb.) Hook.

常绿乔木。叶披针形。孢子叶球单性，雌雄同株，小孢子叶球簇生于枝端；大孢子叶球单生或3～4个簇生枝端，球形，紫红色。球果卵圆形，下垂。秦岭南坡低海拔地区有分布。（图3-5）

图3-5 杉木球果

## 4. 柏科 Cupressaceae

### （1）柏木 *Cupressus funebris* Endl.

常绿乔木。生鳞叶小枝扁平，下垂。孢子叶球单性，雌雄同株，珠鳞盾形。我国特有树种。分布于秦岭海拔1000m左右的低山区，常见栽培。（图4-1）

图4-1 柏木球果



### （2）侧柏 *Platycladus orientalis* (Linn.) Franco

常绿乔木。生鳞叶小枝扁平，不下垂。孢子叶球单性，雌雄同株。珠鳞扁平，背部近顶端具反曲的钩状尖头。我国各地均有分布。（图4-2至图4-4）

图4-2 侧柏生大孢子叶球枝条

图4-3 侧柏大孢子叶球

图4-4 侧柏成熟球果

## 5. 三尖杉科 Cephalotaxaceae

### 三尖杉 *Cephalotaxus fortunei* Hook.f.

常绿灌木。叶披针形。孢子叶球单性，雌雄异株，大、小孢子叶球聚生，大孢子叶变态为囊状珠托。种子核果状，包藏于由珠托发育而成的肉质假种皮中，成熟时紫色或红紫色。秦岭地区有分布。（图5-1至图5-3）

**图5-1** 三尖杉大孢子叶球序

**图5-2** 三尖杉小孢子叶球序

**图5-3** 粗榧*C. sinensis* (Rehd. et Wils.) Li幼嫩种子



## 6. 红豆杉科 Taxaceae

### 红豆杉 *Taxus chinensis* (Pilger) Rehd.

常绿乔木。叶扁平。孢子叶球单性，雌雄异株；雄球花圆球形，有梗；雌球花单生，几无梗，胚珠单生，直立。种子当年成熟，坚果状，由珠托发育而成的假种皮红色，肉质。我国特有树种，秦岭海拔900～2000m的区域有分布。（图6-1，图6-2）

**图6-1** 红豆杉植株（张久东摄）

**图6-2** 红豆杉成熟种子

# 被子植物

## 双子叶植物纲 Dicotyledoneae

### 1. 木兰科 Magnoliaceae

#### （1）望春玉兰

*Magnolia biondii* Pampan.

落叶乔木。单叶互生。花大，先叶开放，芳香；花被片9枚，呈3轮排列，外轮3枚紫红色，其余2轮白色，外面基部常紫红色。蓇葖果浅褐色，外种皮红色。秦岭地区有分布。（图1-1至图1-8）

**图1-1** 望春玉兰花枝

**图1-2** 望春玉兰花

**图1-3** 玉兰*Magnolia denudata* Desr.花枝

**图1-4** 玉兰果枝

**图1-5** 玉兰果实

**图1-6** 广玉兰（荷花玉兰、洋玉兰）*Magnolia grandiflora* L.花蕾

**图1-7** 广玉兰花

**图1-8** 广玉兰雌雄蕊

### （2）厚朴 *Magnolia officinalis* Rehd. et Wils.

落叶乔木。叶大型，长22～45cm，宽10～25cm。花乳白色。聚合果长圆状卵圆形，长达15cm。种子三角状倒卵形，外种皮红色。秦岭南坡低海拔地区有分布。树皮药用。（图1-9至图1-11）

图1-9 厚朴花

图1-10 凹叶厚朴*M.officinalis* Rehd. et Wils. subsp. *biloba* (Rehd. et Wils.) Law.幼果

图1-11 凹叶厚朴的花

### （3）鹅掌楸（马褂木）*Liriodendron chinense* (Hemsl.)Sargent.

落叶乔木。叶分裂，先端截形，形似马褂。花大型，单生枝顶，花被片9枚，3轮排列，外轮3片绿色，萼片状，另外2轮黄色。聚合翅果。秦岭地区常见栽培。（图1-12，图1-13）

图1-12 鹅掌楸花枝

图1-13 鹅掌楸花

### （4）红茴香 *Illicium henyri* Diels.

常绿灌木或小乔木。叶革质，倒披针形或长披针形。花红色，花被片11～15片；心皮通常7～9枚。蓇葖果7～9枚。秦岭南坡低海拔地区有分布。（图1-14，图1-15）

图1-14 红茴香花

图1-15 红茴香果实

### （5）华中五味子 *Schisandra sphenanthera* Rehd.et Wils.

落叶木质藤本。单叶互生，叶柄红色。花单性，雌雄异株，花被片5～9枚，雄花雄蕊11～19枚，雌花具30～60枚心皮。聚合果长6～7cm，小浆果红色。秦岭地区广泛分布。（图1-16至图1-18）

图1-16　华中五味子花枝

图1-17　华中五味子花

图1-18　华中五味子果实

## 2. 樟科 Lauraceae

### 山胡椒 *Lindera glauca* (Sieb.et Zucc.)Bl.

落叶乔木。具芳香味。叶互生。花单性，雌雄异株；伞形花序，花黄色，先叶开放；雄花花被片6，雄蕊9，3轮排列；雌花子房球形。浆果熟时黑色。秦岭地区较常见。（图2-1至图2-3）

图2-1　山胡椒幼果

图2-2　三椏乌药
*L. obtusiloba* Bl. 幼果枝

图2-3　木姜子
*Litsea pungens* Hemsl. 幼果

## 3. 金粟兰科 Chloranthaceae

### 多穗金粟 *Chloranthus multistachys* Péi

多年生草本。叶对生，通常4片。穗状花序顶生或腋生，花小，白色。核果球形，绿色。秦岭地区分布广泛。（图3-1，图3-2）

图3-1 多穗金粟兰植株

图3-2 多穗金粟兰花序

## 4. 三白草科Saururaceae

图4-1　蕺菜植株

图4-2　蕺菜花序

### 蕺菜 *Houttuynia cordata* Thunb.

多年生草本，具腥臭味。叶卵形或阔卵形，叶背紫红色。花小，聚生成顶生穗状花序，基部具4枚白色总苞片，雄蕊花丝长，子房3心皮。蒴果近球形，顶端开裂。秦岭地区分布普遍。（图4-1，图4-2）

## 5. 马兜铃科 Aristolochiaceae

### （1）北马兜铃 *Aristolochia contorta* Bunge

草质藤本。单叶互生，卵状心形或三角状心形；总状花序或花单生于叶腋，花被长管状，基部膨大成球形，绿色，花被管口扩大为漏斗状，具细长尾尖；蒴果具6棱。秦岭地区较常见。（图5-1至图5-3）

图5-1　北马兜铃开花植株

图5-2　北马兜铃的花

图5-3　北马兜铃的果实

图5-4　单叶细辛植株

图5-5　单叶细辛的花

### （2）单叶细辛 *Asarum himalaicum* Hook. f. et Thoms. ex Klotzsch.

多年生草本。叶片互生，基部心形。花单生于叶腋，多贴近地面，深紫红色；蒴果浆果状，近球形，果皮革质。秦岭地区较常见。（图5-4，图5-5）

### （3）马蹄香 *Saruma henryi* Oliv.

多年生草本。根状茎粗壮，具多数细长须根。叶互生，心形。花单生，花被2轮，花瓣黄绿色；子房半下位，蒴果蓇葖状，花萼宿存。我国特有的单种属植物，秦岭地区有分布。（图5-6，图5-7）

图5-6　马蹄香开花植株

图5-7　马蹄香的花

## 6. 毛茛科 Ranunculaceae

### （1）蜀侧金盏花 *Adonis sutchuenensis* Franch.

多年生草本。叶生于茎的中上部，二回羽状全裂或深裂。花单生，萼片约6枚，绿色；花瓣8～12枚，黄色；心皮多数。聚合果球形，瘦果三角状卵形。秦岭太白山有分布。（图6-1，图6-2）

图6-1　蜀侧金盏花植株

图6-2　蜀侧金盏花的花

### （2）华北耧斗菜 *Aquilegia yabeana* Kitag.

多年生草本。基生叶簇生，多为二至三回三出复叶。花较大，紫色，萼片5；花瓣5，距长达2cm；心皮5。蓇葖果。种子黑色。秦岭地区分布较普遍。（图6-3至图6-7）

图6-3　华北耧斗菜花序

图6-4　华北耧斗菜的花

图6-5　华北耧斗菜果实

图6-6　无距耧斗菜
*A. ecalcarata* Maxim.开花植株

图6-7　无距耧斗菜的花

### （3）野棉花 *Anemone vitifolia* Buch.-Ham.

图6-8　野棉花植株

图6-9　野棉花的花

多年生草本。叶基生，具长柄，通常为三出复叶。花葶直立，聚伞花序2～3分枝，花较大，萼片5瓣，紫红色或粉红色，雄蕊多数，黄色；心皮多数，生于球形花托上，聚合果球形。瘦果被长绵毛。秦岭各地分布普遍。（图6-8，图6-9）

### （4）白头翁 *Pulsatila chinensis* (Bge.) Regel

图6-10　白头翁植株

图6-11　白头翁聚合果

多年生草本，全株被长柔毛。叶基生，有长柄。花葶1，苞片3，花直立；萼片蓝紫色，无花瓣；雄蕊多数，花药黄色；心皮多数，离生，聚合果。瘦果纺锤形，具长柔毛。秦岭地区有分布。（图6-10，图6-11）

## （5）星叶草 *Circaeaster agrestis* Maxim.

一年生小草本，高3～10cm。子叶线形，与多数叶一起簇生于茎顶端，楔形，二分叉叶脉，花小，两性，簇生于叶丛中，萼片2～3枚，无花瓣，雄蕊1～2枚，心皮1～3枚。瘦果狭长圆形或近纺锤形，被钩状毛。秦岭太白山有分布。（图6-12，图6-13）

图6-12　星叶草群落

图6-13　星叶草单株

## （6）独叶草 *Kingdonia uniflora* Balf. f.et W.W.Smith

多年生草本。具细长根状茎。仅具1片基生叶，有长柄，叶掌状全裂，具二叉状分枝的叶脉。花两性，单生于花葶顶端，萼片5，无花瓣，雄蕊5～8，心皮3～7，具8～11枚顶端膨大的退化雄蕊。瘦果狭倒披针形。秦岭部分地区有分布。（图6-14，图6-15）

图6-14　独叶草幼果

图6-15　独叶草植株



## （7）纵肋人字果 *Dichocarpus fargesii* (Franch.) W. T. Wang et Hsiao

多年生草本。三出复叶，基生叶具长柄；茎生叶对生。二歧聚伞花序，萼片5，白色，无花瓣，蜜叶5，金黄色，雄蕊10～17，心皮2枚。蓇葖果叉状分开。秦岭地区分布较普遍。（图6-16至图6-18）

图6-16　纵肋人字果群落

图6-17　纵肋人字果花

图6-18　纵肋人字果花序

图6-19　驴蹄草植株

图6-20　驴蹄草花

### （8）驴蹄草 *Caltha palustris* L.

多年生草本。基生叶3～7，圆肾形或心形，茎生叶向上逐渐变小。单歧聚伞花序顶生，萼片5，花瓣状，黄色，花瓣不存在，雄蕊多数，心皮7～12枚。蓇葖果。秦岭有分布。（图6-19，图6-20）

图6-21　川赤芍植株

图6-22　川赤芍花

### （9）川赤芍 *Paeonia veitchii* Lynch

多年生草本。叶为二回三出复叶，花2～4朵，顶生及腋生，紫红色或粉红色，雄蕊多数，花盘肉质，心皮2～3枚，密生黄色绒毛，蓇葖果。（图6-21，图6-22）

### （10）川陕金莲花 *Trollius buddae* Schipcz.

图6-23　川陕金莲花群落

图6-24　川陕金莲花的花

多年生草本。基生叶1～3，有长柄；茎生叶3～4枚。聚伞花序顶生，花黄色，有花2～3朵；萼片5，黄色，花瓣5；心皮20～30枚。蓇葖果。秦岭地区有分布。（图6-23，图6-24）

### （11）紫花小升麻（金龟草）*Cimicifuga acerina* f. *purpurea* Hsiao

多年生草本。叶1～2枚，近基生，三出复叶。总状花序顶生，单一或有少数分枝；萼片5，紫色，无花瓣；退化雄蕊基部具蜜腺，心皮1～2枚。果为蓇葖果。秦岭地区有分布。（图6-25，图6-26）

图6-25　紫花小升麻植株

图6-26　紫花小升麻花

### （12）升麻 *Cimicifuga foetida* L.

多年生草本。叶为二至三回羽状复叶，小叶5～7片。圆锥花序花两性；萼片5，白色；无花瓣；雄蕊多数，心皮2～5枚。蓇果长圆形。种子褐色。秦岭地区有分布。（图6-27，图6-28）

图6-27　升麻植株及生境

图6-28　升麻花序

### （13）类叶升麻 *Actaea asiatica* Hara

多年生草本。茎下部的叶为三回三出复叶，茎上部的叶较小。总状花序花白色，萼片倒卵形，花瓣匙形，具爪；雄蕊多数，心皮1枚，子房球形。果实浆果状，成熟时紫黑色。秦岭地区分布普遍。（图6-29，图6-30）

图6-29　类叶升麻植株

图6-30　类叶升麻幼果

## (14) 铁筷子 *Helleborus thibetanus* Franch.

多年生草本。基生叶鸟足状3全裂，茎生叶较基生叶小，3全裂。花1～2朵生茎或枝端，萼片初时粉红色，后变绿色；花瓣8～10枚，较萼片为小；雄蕊多数，心皮2～3枚。蓇葖果扁，近长圆形。秦岭地区分布。（图6-31至图6-33）

图6-31　铁筷子群落

图6-32　铁筷子花

图6-33　铁筷子幼果

## (15) 毛茛属 *Ranunculus* Linn.

一年生或多年生草本。叶基生或茎生。聚伞花序，花黄色；萼片5；花瓣5，表面具蜡质，基部有蜜槽；雄蕊多数。聚合瘦果球形或圆柱形。秦岭低海拔地区分布有多种。（图6-34至图6-39）

图6-34　毛茛 *R.japonicus* Thunb.

图6-35　茴茴蒜 *R.chinensis* Bunge

图6-36　猫爪草 R. *ternatus* Thunb.

图6-37　扬子毛茛R. *sieboldii* Miq.

图6-38　石龙芮 *R. sceleratus* Linn.植株

图6-39　石龙芮聚合瘦果

### （16）铁线莲属 *Clematis* Linn.

多年生木质或草质藤本。叶对生，三出复叶或二回羽状复叶，或二回三出复叶。聚伞花序圆锥状或为总状；萼片4　5枚；无花瓣；雄蕊多数；心皮多数，瘦果具羽毛状宿存花柱。秦岭分布有多种。（图6-40，图6-41）

图6-40　大瓣铁线莲 *Clematis macropetala* Ledeb.

图6-41　绣球藤 *C. montana* Buch.-Ham.

### （17）乌头属 *Aconitum* Linn.

多年生草本。根为直根或由2至数个块根组成。茎直立或缠绕。叶为单叶，基生或茎生，掌状分裂或不裂。花序总状；花两侧对称；萼片5枚，花瓣状；蜜叶2枚，藏于上萼片之中；雄蕊多数；心皮3～5枚；果为蓇葖果。秦岭分布有多种。（图6-42至图6-44）

图6-42　松潘乌头*Aconitum sungpanense* Hand.-Mzt.花序

图6-43　松潘乌头幼果

图6-44　铁棒锤 *A.szechenyianum* Gay. 花序

## 7. 小檗科 Berberidaceae

### （1）柔毛淫羊藿 *Epimedium pubescens* Maxim.

多年生草本。三出复叶对生。圆锥花序顶生或腋生；花白色；萼片8枚，2轮排列；花瓣4，具囊；雄蕊4枚，与花瓣对生；心皮斜圆柱状。蒴果先端有长喙。秦岭有分布。（图7-1，图7-2）

图7-1　柔毛淫羊藿开花植株

图7-2　柔毛淫羊藿的花

图7-3　黄芦木花枝

图7-4　黄芦木的花

（2）黄芦木 *Berberis amurensis* Rupr.

落叶灌木。枝具三叉粗刺。叶互生，具刺状锯齿。总状花序，花黄色；萼片6～9，花瓣状，2轮；花瓣6，基部有2枚腺体；雄蕊6，花药瓣裂；子房上位，1心皮。浆果鲜红色。秦岭分布普遍。（图7-3，图7-4）

## 8. 木通科 Lardizabalaceae

### （1）串果藤 *Sinofranchetia chinensis* (Franch.) Hemsl.

落叶木质藤本，幼枝被白粉。羽状复叶具3小叶。总状花序；花单性同株或有时异株，绿白色，雄花具6雄蕊；雌花具3心皮。成熟心皮浆果状。我国特有单种属植物，秦岭有分布。（图8-1至图8-3）

图8-1　串果藤花枝

图8-2　串果藤花序

图8-3　串果藤幼果

图8-4　猫屎瓜花枝

图8-5　猫屎瓜幼果

### （2）猫屎瓜（猫儿屎）*Decaisnea insignis* (Griff.) Hook. f. et Thoms.

落叶灌木。奇数羽状复叶。总状花序腋生，花杂性，浅绿色；萼片6，2轮；雄花具6枚雄蕊；雌花具3枚心皮；蓇葖果肉质，圆柱状，成熟时蓝色。秦岭地区较常见。（图8-4，图8-5）

### （3）三叶木通（八月炸、八月瓜）*Akebia trifoliata* (Thunb.) Koidz.

落叶木质藤本。掌状复叶具3小叶。花单性同株，组成总状花序；雄花花被片3，淡紫色，雄蕊6；雌花花被暗紫色，具3～9枚心皮。蓇葖果肉质，长圆柱形。秦岭地区较常见。（图8-6至图8-8）

图8-6　三叶木通花序上部（示雄花）

图8-7　三叶木通雌花

图8-8　三叶木通成熟果实

### （4）大血藤 *Sargentodoxa cuneata* (Oliv.) Rehd. et Wils.

落叶木质藤本。长达10余米。三出复叶或兼有单叶。总状花序花单性，绿色，雌雄同株，雄花具6枚雄蕊，雌花具多数心皮。浆果近球形，成熟时黑蓝色。秦岭南坡有分布。（图8-9至图8-11）

图8-9　大血藤枝条

图8-10　大血藤叶

图8-11　大血藤老枝



## 9. 清风藤科 Sabiaceae

### （1）鄂西清风藤 *Sabia campanulata* Wall.ex Roxb.subsp.*ritcheae* (Rehd.et Wils.) Y.F.Wu

落叶木质藤本。单叶互生。花单生于叶腋，深紫色；萼片5，半圆形；花瓣5，宽卵形或近圆形；雄蕊5；花盘肿胀；子房无毛，圆锥形或卵圆形。核果蓝绿色。秦岭地区较常见。（图9-1，图9-2）

### （2）泡花树 *Meliosma cuneifolia* Franch.

落叶灌木或小乔木。单叶互生。圆锥花序花白色；萼片4,卵圆形；花瓣5，大小不等；雄蕊5，与花瓣对生，外面3枚为退化雄蕊，内面2枚可育雄蕊；子房无毛。核果球形。秦岭地区较常见。（图9-3）

图9-1 鄂西清风藤花枝

图9-2 鄂西清风藤果实

图9-3 泡花树果枝

## 10. 罂粟科 Papaveraceae

### （1）五脉绿绒蒿 *Meconopsis quintuplinervia* Regel.

多年生草本，被淡褐色粗刚毛。叶基生呈莲座状。花单生茎顶，浅蓝色或紫色；萼片密生黄褐色硬毛，早落；花瓣4或6；雄蕊多数，子房密生硬毛。蒴果直立，密生黄色平贴的硬刺毛。秦岭太白山等地有分布。（图10-1，图10-2）

图10-1 五脉绿绒蒿群落

图10-2 五脉绿绒蒿的花

### （2）四川金罂粟 *Stylophorum sutchuense* (Franch.) Fedde.

多年生草本，含黄色乳汁，植物通体密被长柔毛。茎单一或数条丛生。叶羽状深裂或全裂。花数朵顶生；萼片早落；花瓣4，黄色；雄蕊多数；子房圆柱形。蒴果圆柱形。秦岭有分布。（图10-3，图10-4）

图10-3 四川金罂粟叶及花蕾

图10-4 四川金罂粟的花

### （3）荷青花 *Hylomecon japonica* (Thunb.) Prantl

多年生草本。叶基生或茎生，奇数羽状复叶。花黄色；萼片2，早落；花瓣4，近圆形；雄蕊多数；子房长圆柱形，心皮2枚。蒴果细圆柱形。秦岭地区较常见。（图10-5，图10-6）

**图10-5** 荷青花植株

**图10-6** 荷青花的花

### （4）紫堇属 *Corydalis* DC.

一年或多年生草本。叶深裂为二回三出复叶或掌状分裂。花两侧对称，淡紫色、紫红色或黄色；排列成顶生总状花序；萼片2，鳞片状，早落；花瓣4，上面1片基部膨大或延伸成距，下面1片平展，内面2片具爪，雄蕊6枚，合生为2组；子房由2枚心皮合生为一室，侧膜胎座。蒴果2瓣裂。秦岭分布有多种。（图10-7至图10-10）

**图10-7** 陕西紫堇
*Corydalis shensiana* Lidén.

**图10-8** 川东紫堇
*C.acuminata* Franch.

**图10-9** 铜锤紫堇
*C.linarioides* Maxim.

**图10-10** 蛇果紫堇
*C.ophiocarpa* Hook.f.et Thoms.

## 11. 水青树科 Tetracentraceae.

### 水青树 *Tetracentron sinense* Oliv.

图11-1 水青树花枝

图11-2 水青树果实

落叶乔木。叶互生。花小，淡黄色，排成穗状花序；萼片4枚，无花瓣；雄蕊4枚；心皮4枚，花柱初时直立，后逐渐向外向下反折，果时成为基生。果为蓇葖果（蒴果）。单种属植物，秦岭地区有分布。（图11-1，图11-2）

## 12. 连香树科 Cercidiphyllaceae.

### 连香树 *Cercidiphyllum japonicum* Sieb.et Zucc.

落叶大乔木。枝有长短枝之分；长枝上叶对生，短枝上仅生1叶。花单性异株，先叶开放；无花被，有苞片；雄花4朵丛生，雄蕊8～13枚；雌花2～6朵丛生，心皮4～8枚离生。蓇葖果。秦岭有分布。（图12-1至图12-3）

图12-1 连香树植株

图12-2 连香树幼果枝

图12-3 连香树幼果

## 13. 领春木科 Eupteleaceae.

### 领春木 *Euptelea pleiospermum* Hook.f. et Thoms.

落叶灌木或小乔木。叶互生。花小、两性，先叶开放，花丛生，无花被；雄蕊6～14枚，花药红色；心皮多数，离生。果为翅果。秦岭有分布。（图13-1，图13-2）

图13-1　领春木植株

图13-2　领春木幼果

## 14. 金缕梅科 Hamamelidaceae

### 山白树 *Sinowilsonia henryi* Hamsl.

落叶乔木。被星状毛。单叶互生。花单性同株，无花瓣；雄花序成柔荑状，雄蕊5枚；雌花序总状，萼筒壶形，萼裂片5；有退化雄蕊5枚；花柱2枚离生。蒴果宽卵形。种子黑色。我国特有种，秦岭有分布。（图14-1至图14-3）

图14-1　山白树雄花序

图14-2　山白树雌花序

图14-3　山白树果实

## 15. 杜仲科 Eucommiaceae

### 杜仲 *Eucommia ulmoides* Oliv.

落叶乔木。树皮灰色，折断时可见银色胶丝。叶互生。花单性异株，先叶开放或与叶同时开放，雄花簇生，雄蕊4～10枚；雌花单生，子房由2心皮合生，扁平，结果时仅1心皮发育成翅果。我国特有植物。秦岭多栽培。（图15-1，图15-2）

图15-1　杜仲雄花枝

图15-2　杜仲雌花

图16-1 桑*Morus alba* L.果枝

## 16. 桑科 Moraceae

### （1）桑属 *Morus* Linn.

乔木或灌木。叶互生。花单性，穗状花序，雄花花被片4，雄蕊4，与花被片对生；雌花花被片4，交互对生，子房由2枚心皮形成，花柱2条；瘦果包有肥厚的萼片，再集合成为聚花果即为桑葚。秦岭分布较普遍。（图16-1）

### （2）构树 *Broussonetia papyrifera* (Linn.) L'Hert.ex Vent.

图16-2 构树雄花枝

图16-3 构树果枝

落叶乔木。含白色乳汁。叶互生，有裂片或不裂，被毛。花单性异株；雄柔荑花序腋生，花被片4枚，雄蕊与花被片同数，对生；雌花序球形，花被管状，子房包于花被管中。聚花果球形，小核果橙红色。秦岭地区较常见。（图16-2，图16-3）

### （3）异叶天仙果 *Ficus heteromorpha* Hemsl.

图16-4 异叶天仙果花枝

图16-5 异叶天仙果隐头花序

落叶灌木或小乔木。小枝红褐色，全株含白色乳汁。叶椭圆形、椭圆状披针形或琴形。隐头花序成对着生于短枝上部，球形或圆锥状球形，聚花果成熟时紫黑色。秦岭地区较常见。（图16-4，图16-5）

## 17. 荨麻科 Urticaceae

### （1）蝥麻 *Laportea bulbifera* (Sieb.et Zucc.)Wedd.subsp. *dielsii* (Pamp.) C.J.Chen

多年生草本。茎下部多少木质化。叶卵形或宽卵形，被刺状腺毛。花单性，雌雄同株，花序圆锥状；雄花花被片5，雄蕊5；雌花花被片4，子房直立，柱头丝状或舌状。瘦果扁平。秦岭有分布。（图17-1，图17-2）

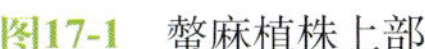

图17-1　蝥麻植株上部

图17-2　蝥麻花序

### （2）赤麻 *Boehmeria silvestrii* (Pamp.) W.T.Wang

多年生草本或亚灌木。红褐色。叶对生，宽卵圆形，缘具粗锯齿。花单性，雌雄同株；花序穗状，腋生；雄花序生于较下部叶腋，雄花黄白色；花被片4～5；雄蕊4～5；雌花序生较上部叶腋，雌花淡红色，花被管状。瘦果倒卵形。秦岭地区较常见。（图17-3）

图17-3　赤麻植株上部



## 18. 胡桃科 Juglandaceae

### （1）胡桃 *Juglans regia* Linn.

落叶乔木。奇数羽状复叶互生，有腺体及芳香味。花单性同株；雄柔荑花序侧生；雌花数朵集生或成顶生总状花序，子房下位，柱头2裂。坚果球形。秦岭地区常见。（图18-1至图18-6）

图18-1　胡桃雌花枝

图18-2　胡桃幼果

图18-3　胡桃子叶

图18-4 野胡桃 *J.cathayensis* Dode 雄花枝

图18-5 野胡桃雌花枝

图18-6 野胡桃果枝

### （2）青钱柳 *Cyclocarya paliurus* (Batal.) Iljinsk.

图18-7 青钱柳植株

图18-8 青钱柳果序

落叶乔木。枝具片状髓。奇数羽状复叶互生。花单性同株；雄花序2～4条腋生，雄蕊多数；雌花序单生枝顶，花被片4；子房下位，柱头2裂。坚果周围有盘状翅。仅一种，我国特有。秦岭有分布。（图18-7，图18-8）



## 19. 壳斗科 Fagaceae

### （1）栎属 *Quercus* Linn.

落叶或常绿木本植物。叶革质，互生。花单性同株；雄花序为下垂柔荑花序，雄蕊与花被裂片同数；雌花单生、簇生或排成穗状，子房3~5室，总苞半包坚果；外被鳞片或软刺。秦岭分布有多种。（图19-1至图19-6）

图19-1 锐齿槲栎*Quercus aliena* var.*acuteserrata* Maxim. 林

图19-2 铁橡树 *Q. spinosa* David. ex Franch.

图19-3 槲栎 *Q. aliena* Blume

图19-4 栓皮栎 *Q. variabilis* Blume

图19-5 橿子栎 *Q. baronii* Skan

图19-6 槲树 *Q. dentata* Thunb.

### （2）栗 *Castanea mollissima* Blume

落叶乔木。叶互生，革质。花单性同株；雄柔荑花序直立。雌花1～3朵生于有刺总苞内。坚果成熟时深褐色，总苞4裂。坚果为著名干果。秦岭浅山区有分布，野生或栽培。（图19-7至图19-9）

图19-7 栗植株

图19-8 栗雄花序

图19-9 栗幼嫩坚果



## 20. 桦木科 Betulaceae

### （1）桦木属 *Betula* Linn.

落叶乔木或灌木。树皮多片状剥离，纸质。花单性，雌雄同株；雄柔荑花序每苞叶内具3花，小花具4枚花被片；雌花序春天发出，每苞叶内具3朵小花，雌花无花被，子房2心皮2室，小坚果具膜质翅，果苞3裂。秦岭分布有多种。（图20-1至图20-4）

图20-1 红桦
*Betula albo-sinensis* Burkill林

图20-2　红桦树干

图20-3　亮叶桦
*B. luminifera* H.Winkl. 雌花序

图20-4　糙皮桦
*B. utilis* D.Don树干

图20-5　榛 *Corylus heterophylla* Fisch.ex Bess.幼果

### （2）榛属 *Corylus* Linn.

落叶乔木或灌木。叶缘具重锯齿。雄花序于秋季形成，次年春天先叶开放；雄花无花被，具1枚苞片及2枚小苞片，雄蕊4～8枚。雌花序球状，每苞片内具2朵雌花。坚果球形或卵圆形，外包以叶状、管状或针刺状总苞。秦岭分布有多种。（图20-5至20-8）

图20-6　榛雄花序

图20-7　华榛*C. chinensis* Franch. 幼果

图20-8　藏刺榛 *C. ferox* var. *thibetica* (Batal.)Franch.果实

### （3）鹅耳枥属 *Carpinus* Linn.

落叶乔木。单叶互生，叶缘具重锯齿。雄柔荑花序生于上年生枝端，雄花无花被，每苞片内生3～13枚雄蕊；雌花序生于当年生枝条顶端，每苞片内生2朵雌花，每1朵雌花具1枚苞片及2枚小苞片;苞片与小苞片结合成为叶状总苞，果实为小坚果。（图20-9，图20-10）

图20-9 千金榆 *Carpinus cordata* Blume

图20-10 陕西鹅耳枥 *C. shensiensis* Hu

## 21. 商陆科 Phytolaccaceae

### 商陆 *Phytolacca acinosa* Roxb.

多年生草本，茎红色或紫红色。叶互生。总状花序圆柱状，顶生或与叶对生，密生多数小花；花两性，花被片5，白色；雄蕊8～10；心皮8枚，离生；果序直立，浆果扁球形，熟时黑色。秦岭低海拔地区分布普遍。（图21-1，图21-2）

图21-1 商陆花序

图21-2 商陆果序

## 22. 马齿苋科 Portulacaceae

### 马齿苋 *Portulaca oleracea* L.

一年生草本。茎平卧，肉质。叶互生或近对生。花无梗，3～5花簇生枝端；萼片2、对生，绿色；花瓣5、黄色；雄蕊8，心皮3枚，子房半下位，1室。蒴果卵球形，盖裂。常见杂草。（图22-1，图22-2）

图22-1 马齿苋植株

图22-2 马齿苋的花

## 23. 石竹科 Caryophyllaceae

图23-1 繁缕群落

图23-2 繁缕的花

### （1）繁缕 *Stellaria media*(L.)Cyr.

一年或二年生草本。节部膨大，茎具1列毛。叶对生。疏聚散花序顶生；萼片5；花瓣5，白色，2深裂达基部；雄蕊3～5；子房1室，柱头3。蒴果卵形。常见杂草。（图23-1，图23-2）

图23-3 剪秋罗花序

图23-4 剪秋罗的花

### （2）剪秋罗 *Lychnis fulgens* Fisch.

多年生草本。节膨大。单叶对生。二岐聚散花序；花萼筒状，花瓣深红色，具爪；喉部具副花冠。雄蕊10，子房1室，花柱5。蒴果圆柱形，先端5齿裂。秦岭地区较常见。（图23-3，图23-4）



### （3）狗筋蔓 *Cucubalus baccifer* L.

多年生草本。多分枝。叶对生，卵圆形。聚伞花序花白色，萼钟状，先端5裂；花瓣先端2裂；雄蕊10枚，子房球形，3心皮1室，特立中央胎座。蒴果卵形，种子红褐色。秦岭地区较常见。（图23-5，图23-6）

图23-5 狗筋蔓植株

图23-6 狗筋蔓的花

图23-7 石竹的花

### (4) 石竹 *Dianthus chinensis* L.

多年生草本。全株带白粉。叶对生，线状披针形。花单生或成疏聚伞花序；花下具4枚苞片；花萼管状，花瓣红色、粉红色或白色，下部具长爪。雄蕊10枚，贴生子房基部。蒴果圆筒形。秦岭地区分布普遍。（图23-7，图23-8）

图23-8　瞿麦*Dianthus superbus* L.花

## 24. 蓼科 Polygonaceae

### (1) 珠芽蓼 *Polygonum viviparum* L.

多年生草本。基生叶长圆形或卵状披针形，茎生叶较小，托叶鞘筒状，偏斜。总状花序成穗状，花序下部具珠芽。花被5深裂，白色或粉红色；雄蕊8枚，花柱3，瘦果卵形，具3棱。秦岭地区有分布。（图24-1，图24-2）

图24-1　珠芽蓼花序

图24-2　圆穗蓼 *Polygonum macrophyllum* D.Don.花序



### (2) 何首乌 *Fallopia multiflora* (Thunb.) Harald.

多年生草本。块根肥厚，茎缠绕。叶互生，托叶鞘管状。圆锥花序顶生或腋生，花白色或淡绿色，花被片5，外面3片较大，背面具翅，果时增大。雄蕊8枚，花柱3，瘦果卵形，具三棱。秦岭地区有分布。（图24-3，图24-4）

图24-3　何首乌植株

图24-4　何首乌花序

图24-5　杠板归枝条

图24-6　杠板归果序

### (3) 杠板归 *Polygonum perfolianum* L.

一年生攀援草本。茎四棱形,具倒生钩刺。叶片正三角形,托叶鞘叶状,近圆形。花序短穗状,具多数花;花被片白色或粉色,5深裂,果时稍增大;雄蕊8枚;柱头3枚。瘦果球形。秦岭南坡低海拔地区广泛分布。(图24-5,图24-6)

图24-7　短毛金线草植株

### (4) 短毛金线草 *Antenoron filiforme* Thunb. Rob.et Vaut.var.*neofiliforme* Hara

多年生草本。节膨大。叶椭圆形或长椭圆形,托叶鞘筒状。总状花序呈穗状,数个顶生或腋生,花被4深裂,花被片红色,果时稍增大,雄蕊5枚,花柱2。瘦果卵形,双凸镜状。秦岭地区较常见。(图24-7)



## 25. 山茶科 Theaceae

### (1) 陕西紫茎 *Stewartia shensiensis* Chang

图25-1　陕西紫茎的树干及分枝

图25-2　陕西紫茎的花

落叶乔木,树皮光滑,紫褐色。叶椭圆形。花腋生,白色;萼片5,宿存;花瓣5,基部合生;雄蕊多数,花丝下部合生,子房5室,柱头5裂。蒴果卵形。秦岭地区有分布。(图25-1,图25-2)

### （2）茶 *Camellia sinensis* (L.) O.Ktze.

常绿灌木。叶革质。花1 3朵腋生，白色；萼片5，宿存；花瓣5～6，宽卵形；雄蕊多数，花丝基部稍合生；子房密生白毛。蒴果球形。花期每年10月至翌年2月。秦岭南坡有分布，野生或栽培。（图25-3，图25-4）

图25-3　茶树花枝

图25-4　茶树幼果

## 26. 猕猴桃科 Actinidiaceae

### 猕猴桃属 *Actinidia* Lindl.

落叶攀援灌木，枝光滑或被毛。叶互生，具长柄。花单性异株或杂性，单生或组成腋生聚伞花序，花有各种颜色；萼片5；花瓣5；雄蕊多数；子房多室，花柱放射状。浆果球形或长圆形。秦岭分布有多种。（图26-1至图26-5）

图26-1　中华猕猴桃 *Actinidia chinensis* Planch.幼果

图26-2　狗枣猕猴桃 *A. kolomikta* (Maxim. et Zucc)Maxim. 植株

图26-3　狗枣猕猴桃花

图26-4　黑蕊羊桃 *A. melanandra* Franch.花

图26-5　四萼猕猴桃 *A. tetramera* Maxim. 果实

## 27. 藤黄科 Guttiferae

### 金丝桃属 *Hypericum* Linn.

常为多年生草本或灌木。叶对生或轮生，有透明腺点。聚伞花序顶生或腋生，偶有单花；花两性，黄色；萼片5；花瓣5；雄蕊多数，分离或成5束，与花瓣对生；子房1～5室。果为蒴果。秦岭地区较常见。（图27-1至图27-3）

图27-1　黄海棠
*Hypericum ascyron* Linn.

图27-2　黄海棠的花

图27-3　贯叶连翘
*H. perforatum* Linn.的花

## 28. 椴树科 Tiliaceae

### （1）椴树 *Tilia tuan* Szyszyl.

图28-1　椴树花序

图28-2　椴树的花

落叶乔木。单叶互生，叶基心形，有时偏斜。聚伞花序下垂；花两性，黄色或白色；总花梗与舌形苞片下半部贴生；苞片大，有明显网状脉。萼片5，分离；花瓣5，披针形；雄蕊多数，呈5束，子房长圆形，被绒毛。核果到卵圆形或球形。秦岭分布有多种。（图28-1，图28-2）



### （2）扁担木（孩儿拳头）*Grewia biloba* var. *parviflora* (Bunge)Hand.-Mazz.

图28-3　扁担木花枝

图28-4　扁担木果枝

落叶灌木。叶互生，叶背密被星状毛。聚伞花序与叶对生；花淡黄色；萼片5；花瓣5；雄蕊多数；子房2室，密被长硬毛；核果近球形，熟时橙黄色或黑红色。秦岭地区较常见。（图28-3，图28-4）

## 29. 锦葵科 Malvaceae

### （1）锦葵 *Malva sinensis* Cavan.

二年生或多年生草本。叶肾形。花多朵簇生于叶腋；苞片（副萼片）3；萼杯状，5裂；花瓣5，蓝紫色；雄蕊管被刺毛；子房多室。分果圆盘状。秦岭有野生或栽培。（图29-1）

图29-1　锦葵植株

### （2）苘麻 *Abutilon theophrasti* Medic.

一年生草本。单叶互生。花单生于叶腋；无副萼片；萼杯状，5深裂；花瓣5，黄色；雄蕊管无毛；心皮轮状排列，密被软毛。分果瓣被星状毛和长硬毛。秦岭地区较常见。（图29-2，图29-3）

图29-2　苘麻的花

图29-3　苘麻果实

### （3）蜀葵 *Althaea rosea* (Linn.) Cavan.

二年生草本。叶近圆形或长圆形。苞片（副萼片）杯状，6～7裂；萼钟状，5裂；密被星状毛和长硬毛；花单瓣或重瓣，多种颜色；雄蕊管长达2cm；心皮多数。分果盘状，熟时分离。秦岭有栽培。（图29-4，图29-5）

图29-4　红色蜀葵

图29-5　白色蜀葵

### （4）木槿 *Hibiscus syriacus* Linn.

图29-6　木槿花枝

落叶灌木。通体被星状毛。叶菱状卵圆形。花大，单生于枝端叶腋，淡紫色；苞片（副萼片）6～7，线形；萼钟形；花瓣倒卵形；雄蕊管长达3cm；子房5室。蒴果卵圆形。种子肾形，背面被淡黄色马鬃状长毛。秦岭地区多见栽培。（图29-6）

## 30. 旌节花科 Stachyuraceae

### 中国旌节花 *Stachyurus chinensis* Franch.

图30-1　中国旌节花花序

图30-2　中国旌节花果实

落叶灌木。叶互生，边缘有锯齿。腋生穗状花序，花黄色；先叶开放；苞片三角形；萼片4，黄绿色；花瓣4，黄色或黄绿色；雄蕊8枚，子房上位。浆果球形。秦岭地区较常见。（图30-1，图30-2）



## 31. 葫芦科 Cucurbitaceae

### （1）绞股蓝 *Gynostemma pentaphyllum* (Thunb.) Makino

图31-1　绞股蓝植株

图31-2　绞股蓝雌花

多年生攀援草本。具分枝。掌状复叶鸟足状，具小叶5～7。花单性，雌雄异株，组成腋生圆锥花序。花萼辐状，5深裂；花冠辐状，5深裂；雄花雄蕊5，着生于花萼基部；雌花子房球形，先端分离。果实球形，不开裂。秦岭地区有分布。（图31-1，图31-2）

### (2) 南赤爬 *Thladiantha nudiflora* Hemsl.

多年生攀援草本。卷须二分叉。单叶互生。花单性，雌雄异株；雄花排成总状花序；花黄色；雌花单生，子房卵形，密被长柔毛。果实卵圆形。熟时红色。秦岭地区较常见。（图31-3至31-5）

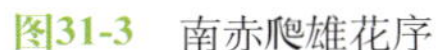

**图31-3** 南赤爬雄花序

**图31-4** 南赤爬雌花

**图31-5** 南赤爬果实

## 32. 秋海棠科 Begoniaceae

### 中华秋海棠 *Begonia sinensis* A.DC.

多年生草本。节部膨大，茎直立，红色，多水汁。叶互生，斜卵形，上面绿色，下面和叶柄均带红色。花单性同株（同花序），数朵呈腋生聚伞花序，花粉红色；雄花花被4，雄蕊多数；雌花花被片3，子房下位。蒴果倒卵形，具3翅。秦岭地区有分布。（图32-1至图32-4）

**图32-1** 中华秋海棠叶

**图32-2** 中华秋海棠花序

**图32-3** 中华秋海棠雄花

**图32-4** 中华秋海棠雌花

# 33. 十字花科 Cruciferae（Brassicaceae）

## （1）碎米荠属 *Cardamine* Linn.

一年生或多年生草本。地上茎中空。叶为单叶，羽状复叶或羽裂。花白色或淡紫色，花瓣具爪。果实为长角果，开裂或不开裂。秦岭分布有多种。（图33-1至图33-7）

图33-1 大叶碎米荠
*Cardamine macrophylla* Willd.花序

图33-2 大叶碎米荠果实

图33-3 裸茎碎米荠
*C. scaposa* Franch.（张九东拍）

图33-4 光头山碎米荠
*C. engleriana* O.E.Schulz
（张九东拍）

图33-5 白花碎米荠
*C. leucantha* (Tausch)O.E.Schulz花序

图33-6 白花碎米荠果实

图33-7 碎米荠 *C. hirsuta* Linn.

## （2）葶苈属 *Draba* Linn.

一年生或多年生草本。常簇生。叶为单叶，基生叶呈莲座状，茎生叶稀少。花小型，白色或黄色。果实为短角果。种子药用。秦岭地区常见。（图33-8至图33-11）

**图33-8** 葶苈
*Draba nemorosa* Linn.植株

**图33-10** 线果葶苈
*Draba ladyginii* Pohle植株

**图33-11** 线果葶苈果实

**图33-9** 葶苈果实



## （3）诸葛菜 *Orychophragmus violaceus* (Linn.) O.E.Schulz.

一年生或二年生草本。茎直立，基部分枝。叶形变化大，茎上部叶基部耳状抱茎。总状花序顶生，有花5 20朵；花淡紫色；花瓣具爪；花药淡黄色；子房无柄。长角果线形，圆柱形。秦岭低海拔地区较常见。（图33-12，图33-13）

**图33-12** 诸葛菜花序

**图33-13** 诸葛菜的花（杜喜春拍）

### (4) 菥蓂 *Thlaspi arvense* Linn.

一年生草本。叶基生或茎生，茎生叶基部常抱茎。花小，白色，排为总状花序；萼片小，直立；花瓣具爪。短角果扁平，圆形或近椭圆形，周围有宽翅，顶端有缺口。常见杂草。（图33-14，图33-15）

图33-14 菥蓂植株

图33-15 菥蓂幼果

### (5) 荠菜 *Capsella bursa-pastoris*(Linn.) Medic.

一年生或二年生草本。叶基生或茎生。总状花序顶生；花小，白色，萼片小，直立；花瓣具爪。短角果三角状心性。常见杂草。（图33-16，图33-17）

图33-16 荠菜植株

图33-17 荠菜果实

## 34. 杜鹃花科 Ericaceae

### 杜鹃花属 *Rhododendron* Linn.

常绿或落叶灌木。叶互生，多为革质。伞形花序或为短总状花序顶生，稀单生或腋生；花白色、粉色、红色或紫红色等多种颜色；花萼5裂；花冠5裂，辐状、漏斗状或钟状；雄蕊与花冠裂瓣同数或为其2倍，花药无附属物，顶孔开裂；子房5～10室，蒴果。秦岭分布有多种。（图34-1至图34-7）

图34-1 满山红
*Rhododendron mariesii* Hemsl.

图34-2 秀雅杜鹃
*R.concinnum* Hemsl.

图34-3 太白杜鹃
*R. purdomii* Rehd. et Wils.

图34-4 头花杜鹃
*R.capitatum* Maxim. 植株

图34-5 头花杜鹃的花

图34-6 粉白杜鹃
*R.hypoglaucum* Hemsl.

图34-7 照山白
*R. micranthum* Turcz.



## 35. 鹿蹄草科 Pyrolaceae

### （1）皱叶鹿蹄草 *Pyrola rugosa* H. Andr.

多年生常绿草本。叶基生，叶片表面呈皱纹，背面常淡红色。花葶有苞片1～2片；总状花序顶生；花钟状；萼片绿色；花瓣白色；子房球形，花柱外露。蒴果扁球形。秦岭有分布。（图35-1，图35-2）

图35-1 皱叶鹿蹄草植株

图35-2 皱叶鹿蹄草的花

### （2）喜冬草 *Chimaphila japonica* Miq.

图35-3　喜冬草植株

图35-4　喜冬草的花

常绿半灌木。单叶对生或轮生，革质。花1朵或3朵顶生，俯垂；萼片膜质；花瓣白色；雄蕊10枚，花药顶孔开裂；子房5室。蒴果扁圆球形。秦岭地区有分布。（图35-3，图35-4）

### （3）毛花松下兰 *Hypopitys monotropa* var. *hirsuta* Roth.

图35-5　毛花松下兰植株

图35-6　毛花松下兰的花

多年生腐生草本。肉质，全体被白色糙毛，无叶绿素，通常淡白色或淡黄色，干后变为黑色。叶鳞片状，互生。总状花序顶生，有花3～8朵；花肉质，白色或淡黄色；花瓣4～5；雄蕊8～10；子房4～5室，花柱短。蒴果卵圆状球形。秦岭地区较常见。（图35-5，图35-6）



## 36. 山矾科 Symplocaceae

### 白檀 *Symplocos paniculata* (Thunb.) Miq.

图36-1　白檀幼果枝

图36-2　白檀成熟果枝

落叶灌木或小乔木。单叶互生。圆锥花序生于新枝顶端，花白色，5裂；雄蕊约30枚，花丝不等长，在基部联合成为5体雄蕊；子房下位，2室。核果蓝黑色。秦岭有分布。（图36-1，图36-2）

## 37. 报春花科 Primulaceae

### （1）报春花属 *Primula* Linn.

一年生或多年生草本。叶全部基生。花单生或排成伞形花序1～多轮，或头状花序，具苞片；萼片5枚，各式联合，先端5裂；花瓣5，多红紫色、稀白色或黄色，漏斗状或高脚碟状；雄蕊5枚，着生于花冠筒上或喉部；子房球形或卵形。蒴果球形或圆柱形。秦岭分布多种。（图37-1至图37-5）

图37-1　阔萼粉报春
*Primula knuthiana* Pax

图37-2　紫罗兰报春
*P. purdomii* Craib

图37-3　陕西报春
*P. handeliana* W.W.Smith et Forrest.

图37-4　太白山报春
*P.giraldiana* Pax 植株

图37-5　太白山报春花序

图37-6　珍珠菜
*Lysimachia clethroides* Duby 花序

图37-7　腺药珍珠菜
*L. barystachys* Bge. 花序

### （2）珍珠菜属 *Lysimachia* Linn.

**图37-8** 过路黄
*L. christinae* Hance 植株

**图37-9** 过路黄的花

一年或多年生草本。直立或匍匐。叶互生，对生或轮生。常为总状花序，或对生于叶腋；花萼通常5深裂，宿存；花冠白色或黄色，5裂；雄蕊5枚，着生于冠筒上，花药顶端孔裂；子房近球形。蒴果球形或卵形，5瓣裂。（图37-6至图37-9）

## 38. 景天科 Crassulaceae

### （1）费菜 *Sedum aizoon* Linn.

多年生草本。全体无毛。叶互生，肉质。聚伞花序伞房状，顶生；萼片5，绿色；花瓣5，黄色；雄蕊10枚，2轮；心皮5枚，稍开展。蓇葖果。秦岭分布普遍。（图38-1）

### （2）瓦松 *Orostachys fimbriatus* (Turcz.) Berger

多年生肉质草本。基部生莲座状叶，叶无柄。花序圆柱状总状或圆锥状。萼片绿色；花瓣淡粉色，具红色斑点；雄蕊10枚，2轮；心皮5枚，离生。果实为蓇葖果。秦岭地区较常见。图38-2）

### （3）白三七（菱叶红景天）*Rhodiola henryi* (Diels) S.H.Fu

多年生草本。叶3片轮生，肉质；花序短圆柱状或伞房状；花单性，雌雄异株；雄花萼片狭卵形，宿存；花瓣黄绿色；雄蕊8枚，2轮。雌花萼片狭卵形，花瓣线状长圆形，心皮5。蓇葖果。秦岭地区较常见。生于潮湿石壁上。图38-3）

**图38-1** 费菜花序

**图38-2** 瓦松开花植株

**图38-3** 白三七果枝

## 39. 虎耳草科 Saxifragaceae

### （1）虎耳草 *Saxifraga stolonifera* Cutt.

多年生常绿小草本，匍匐茎细长。叶通常数片基生肉质，被柔毛。圆锥花序疏散；花两性,萼片5，花瓣5，白色或粉色，下方2枚特长，披针形；雄蕊10枚，子房球形。蒴果卵圆形。秦岭低海拔地区常见。（图39-1至图39-4）

图39-1　虎耳草群落（杜喜春摄）

图39-2　虎耳草的花

图39-3　球茎虎耳草 *S. sibirica* Linn.群落

图39-4　球茎虎耳草花



### （2）莼兰绣球（长柄绣球）*Hydrangea longipes* Franch.

落叶灌木。单叶对生。聚伞花序扁平；具白色不育花；孕性花白色，萼筒半球形；花瓣5；雄蕊10枚，子房下位。蒴果球形。秦岭地区较常见。（图39-5）

### （3）落新妇 *Astilbe chinensis* (Maxim.) Franch. et Savat.

直立草本。二至三回羽状复叶。圆锥花序多分枝，杂性花或雌雄异株；萼片5；花瓣线形，紫色；雄蕊10枚；心皮2，仅基部合生。蒴果小形。秦岭地区较常见。（图39-6）

图39-5　莼兰绣球花枝

图39-6　落新妇植株上部及花序

### （4）太平花 *Philadelphus pekinensis* Rupr.

图39-7　太平花花序

图39-8　太平花幼果

落叶灌木。二至三年生枝皮脱落。叶卵形至长圆状披针形。总状花序，花乳白色；萼裂片4，花瓣4；雄蕊多数；子房半下位。蒴果陀螺形，顶端有宿存萼片。秦岭地区较常见。（图39-7，图39-8）

图39-9　大花溲疏

图39-10　粉背溲疏 *D. hypoglauca* Rehd.

### （5）大花溲疏 *Deutzia grandiflora* Bge.

落叶灌木。单叶对生，被星状毛。花白色，1～3朵生于枝端；萼裂片披针形；花瓣倒卵状长圆形或倒卵形；雄蕊10枚；花柱3枚。果实半球形。秦岭地区较常见。（图39-9，图39-10）

图39-11　黄水枝植株

### （6）黄水枝 *Tiarella polyphylla* D.Don

多年生草本。单叶互生。总状花序顶生；花白色，小型；萼片狭卵形，膜质；花瓣披针形;雄蕊10枚；雌蕊由2心皮组成。蒴果裂片不等长，顶端具尾尖。秦岭地区较常见。（图39-11）

### (7) 苍耳七 *Parnassia wightiana* Wall. ex Wight. et Arn.

多年生草本。叶基生，具长柄。花白色，单生于花葶顶端；萼片绿色，花瓣长倒卵形，边缘具睫毛；假雄蕊上部5裂；雄蕊5枚；子房上位，3室。蒴果近球形。秦岭地区较常见。（图39-12，图39-13）

图39-12 苍耳七群落

图39-13 苍耳七的花

### (8) 大叶金腰 *Chrysosplenium macrophyllum* Oliv.

多年生草本。具伸长的匍匐枝。基生叶近肉质；匍匐茎具多数互生小叶。聚伞花序顶生；花粉色或白色；萼片4；无花瓣；雄蕊8枚；子房上位。蒴果水平叉开。秦岭地区较常见。（图39-14）

图39-14 大叶金腰开花植株



### (9) 索骨丹 *Rodgersia aesculifolia* Batalin.

多年生草本。叶互生，基生叶有长柄，掌状或盾状5裂；茎生叶3裂。聚伞花序开展为大型圆锥花序；花白色；萼筒短，5裂；无花瓣；雄蕊10枚；子房中位。蒴果卵形。秦岭地区较常见。（图39-15，图39-16）

图39-15 索骨丹群落（叶创兴摄）

图39-16 索骨丹花序 （杜喜春摄）

图39-17　东北茶藨子花枝

图39-18　东北茶藨子幼果

### （10）东北茶藨子 *Ribes mandshuricum* (Maxim.) Kom.

落叶灌木。叶互生，掌状3～5裂。总状花序长达15cm；花黄绿色，花萼浅碟状，裂片5；花瓣特小；雄蕊5枚，生萼筒中部；子房下位。浆果球形，熟时红色。秦岭地区较常见。（图39-17，图39-18）

图39-19　秦岭岩白菜开花植株（杜喜春摄）

### （11）秦岭岩白菜 *Bergenia scopulosa* T.P.Wang

多年生草本。叶圆形或宽卵状圆形。花序为疏松伞房状，先叶开放；淡紫红色；花萼浅杯状，紫红色；花瓣5，有紫色脉纹；雄蕊10枚；子房无毛。果为蒴果。秦岭有分布。（图39-19）



## 40. 蔷薇科 Rosaceae

### （1）高丛珍珠梅 *Sorbaria arborea* Schneid.

落叶灌木。奇数羽状复叶互生。圆锥花序顶生；萼筒杯状，萼片5，反折；花瓣5，白色；雄蕊多数；心皮5枚，中部以下合生。果实为蓇葖果。秦岭较常见。（图40-1，图40-2）

图40-1　高丛珍珠梅植株

图40-2　高丛珍珠梅花序

图40-3　麻叶绣球 *S. cantoniensis* Lour. 植株

## （2）绣线菊属 *Spiraea* Linn.

落叶灌木。单叶互生。花两性，组成各式花序；萼筒杯状或钟状；萼裂片5，宿存；花瓣5,具多种颜色，常为白色或粉色；雄蕊多数；心皮5枚分离，花柱宿存。蓇葖果。秦岭产多种。（图40-3至图40-6）

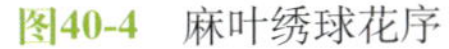

图40-4　麻叶绣球花序

图40-5　三裂绣线菊 *S. trilobata* Linn.

图40-6　绣球绣线菊 *S. blumei* G. Don.

## （3）中华绣线梅（南梨、奈尔木）*Neillia sinensis* Oliv.

落叶灌木。单叶互生，排成2列。顶生总状花序；萼筒管状，裂片5，直立；花瓣5，粉红色；雄蕊多数（约20枚），排成2轮；心皮1～2枚。果为蓇葖果，包藏于宿存花萼筒内。秦岭地区较常见。（图40-7，图40-8）

图40-7　中华绣线梅植株

图40-8　中华绣线梅花枝（杜喜春拍）



## （4）红柄白鹃梅 *Exochorda giraldii* Hesse

落叶灌木。单叶互生，叶柄常呈红色，托叶早落。花两性，总状花序，花大型，白色；萼筒倒圆锥形，萼裂片5，果时脱落；花瓣5，白色，有爪；雄蕊15～30；心皮5枚，结合，子房上位。果实为蒴果。秦岭低海拔地区常见。（图40-9，图40-10）

图40-9　红柄白鹃梅花枝

图40-10　红柄白鹃梅果实

### （5）柔毛水杨梅 *Geum japonicum* Thunb. var. *chinense* F. Bolle

多年生草本。密被黄色柔毛。基生叶为不整齐羽状复叶，茎生叶具1～2对小叶；花两性；副萼片5；萼裂片5；花瓣5，黄色；雄蕊多数；心皮多数，生于圆锥形花托上。瘦果狭椭圆形。秦岭地区较常见。（图40-11至图40-13）

图40-11 柔毛水杨梅植株上部

图40-12 柔毛水杨梅的花

图40-13 柔毛水杨梅离生心皮

图40-14 草莓的花

图40-15 草莓的果实

### （6）草莓 *Fragaria ananassa* Duchesne

多年生小草本。三出复叶基生。伞房花序具花3～5朵，花白色；副萼片披针形；萼裂片三角形；花瓣近圆形；雄蕊多数；心皮多数，花托近球形。聚合果近球形，肉质。秦岭地区分布普遍。（图40-14，图40-15）

图40-16 蛇莓果实

### （7）蛇莓 *Duchesnea indica* (Andr.) Focke

多年生草本。茎细弱，匍匐，生不定根。三出复叶互生。花两性，单生叶腋；副萼片5，较萼片大；萼片5枚；花瓣5，黄色；雄蕊20～30枚；心皮多数，花托球形。瘦果小，聚生于球形肉质花托上。秦岭地区广泛分布。（图40-16）

## （8）棣棠 *Kerria japonica* (Linn.) DC.

落叶小灌木。单叶互生，叶缘有重锯齿。花两性，单生于当年生侧枝端；萼筒碟形，裂片5；花瓣5，黄色；雄蕊多数，金黄色；心皮5 8枚。瘦果半球形。秦岭地区较常见。（图40-17，图40-18）

**图40-17** 棣棠的花

**图40-18** 棣棠幼果

## （9）蔷薇属 *Rosa* Linn.

落叶或常绿灌木。通常具皮刺。奇数羽状复叶互生，托叶下部与叶柄合生。花两性，单生或排成各式花序；花托壶状或杯状，裂片5；宿存或脱落；花瓣5，有时为重瓣，多种颜色；雄蕊多数；心皮多数，离生，包于花托内。聚合果称蔷薇果。秦岭有多种。（图40-19至图40-21）

**图40-19** 月季*Rosa chinensis* Jacq.的花

**图40-20** 峨眉蔷薇 *R. omeiensis* Rolfe

**图40-21** 扁刺蔷薇 *R. sweginzowii* Koehne

## （10）白毛银露梅（华西银腊梅）*Potentilla glabra* Lodd.var. *mandshurica* (Maxim.) Hand.-Mazz.

落叶灌木。羽状复叶具3 5片小叶。花单生短枝顶端，白色；副萼片绿色；萼片淡黄色；花瓣白色；雄蕊约20枚；心皮多数生于凸起的花托上。聚合瘦果。秦岭高海拔地区常见。（图40-22，图40-23）

**图40-22** 白毛银露梅植株

**图40-23** 白毛银露梅的花

### （11）梨属 *Pyrus* L.

落叶乔木，单叶互生。伞形总状花序，花两性，白色稀粉红色，花先于叶开放或同时开放；花瓣5，具爪，花药通常深红色或紫色；子房下位，花柱2~5，离生。果实梨形或球形，富含石细胞。梨果可食。本属有多种，秦岭有野生或栽培。（图40-24）

### （12）毛叶木瓜 *Chaenomeles cathayensis* (Hemsl.) Schneid.

落叶灌木。具枝刺。单叶互生。花先叶开放或与叶同时开放；常2 6朵簇生于二年生枝上；萼筒外面无毛，裂片直立；花瓣淡红色；雄蕊多数；子房下位，5室。梨果熟时黄色。秦岭地区有分布。（图40-25）

### （13）甘肃山楂 *Crataegus kansuensis* Wils.

落叶灌木。具枝刺。单叶互生，叶缘具不规则裂片和重锯齿。伞房花序；萼筒外面无毛；花瓣白色；雄蕊约20枚；花柱2 3个，柱头头状。果实近球形，熟时红色。秦岭地区有分布。（图40-26）

**图40-24** 一种梨（*Pyrus* sp.）的果实

**图40-25** 毛叶木瓜果实

**图40-26** 甘肃山楂果实



### （14）陕甘花楸 *Sorbus koehneana* Schneid.

落叶乔木。奇数羽状复叶互生。复伞房花序具多数花；萼筒内外面无毛；花瓣白色；雄蕊20枚；花柱5枚。果实球形，白色，宿存萼片微闭合。秦岭地区较常见。（图40-27，图40-28）

### （15）西北栒子 *Cotoneaster zabelii* Schneid.

落叶灌木。单叶互生。伞房花序稍下垂，具2 4朵花；萼筒外面密被绒毛，萼裂片5；花瓣粉红色；雄蕊约20枚；子房顶端被柔毛。果实倒卵形，熟时红色。秦岭分布普遍。（图40-29）

**图40-27** 陕甘花楸叶及幼果

**图40-28** 陕甘花楸成熟果实

**图40-29** 西北栒子幼果枝

（16）山荆子 *Malus baccata* (Linn.) Borkh.

落叶乔木。单叶互生。花序近伞形，具4～6朵花；萼筒外面无毛，萼裂片披针形；花瓣白色或淡粉色；雄蕊15～20枚；子房下位。果实近球形。秦岭地区较常见。（图40-30，图40-31）

图40-30　山荆子花序

图40-31　山荆子果实

（17）山桃 *Amygdalus davidiana* (Carr.) C. De Vos.

落叶小乔木。叶互生。花单生，先叶开放；萼筒钟状；花瓣倒卵形或近圆形，淡粉红色或白色；雄蕊约 30 枚；子房密被柔毛。果实球形。秦岭分布较普遍。（图 40-32）

图40-32　山桃花枝

（18）李 *Prunus salicina* Lindl.

落叶乔木。单叶互生。花2～3朵簇生；萼筒浅杯状；花瓣白色；雄蕊约30枚；子房无毛。果实球形或卵形，具一纵沟，被白粉。秦岭有野生或栽培。（图40-33）

图40-33　李果实

（19）毛樱桃 *Cerasua tomentosa* (Thunb.) Wall.

落叶灌木或小乔木。单叶互生。花单生或2朵并生；先叶开放或与叶同时开放；萼筒管状；花瓣白色或带粉色；雄蕊20～25枚；子房被柔毛。果实球形，红色。秦岭地区分布普遍。（图40-34）

图40-34　毛樱桃果实

### （20）臭樱 *Maddenia hypoleuca* Koehne

图40-35　臭樱花序

图40-36　臭樱的雄花

落叶灌木或小乔木。叶片揉之有臭味。花单性，雌雄异株；总状花序短粗；密生多数花，着生于具叶短枝端；萼筒钟状，黄绿色；花瓣缺；雄蕊30枚，黄绿色；子房上位。果实为小核果。秦岭地区较常见。（图40-35，图40-36）

图40-37　橉木的花序

### （21）橉木（稠李）*Padus buergeriana* (Miq.) Yu et Ku

落叶乔木。高达10m。叶互生，边缘具细锐尖锯齿。总状花序花白色，具芳香；萼筒杯状,无毛；花瓣倒卵状圆形；雄蕊约30枚；子房无毛。果实近球形，黑色。秦岭地区较常见。（图40-37）

图40-38　华中悬钩子
*Rubus cockburnianus* Hemsl.

图40-39　黄果悬钩子
*R. xanthocarpus* Bureau et Franch.

### （22）悬钩子属 *Rubus* Linn.

落叶或常绿灌木，具皮刺。叶互生，单叶或羽状复叶，或为掌状复叶；花两性，成各种花序，有时单生；萼裂片5，果时宿存；花瓣5，有时无花瓣，白色或淡红色；雄蕊多数，心皮多数，分离，着生于凸起的花托上。聚合果浆果状。秦岭分布普遍。（图40-38，图40-39）

图41-1　合欢花序

## 41. 豆科 Leguminosae

### （1）合欢 *Albizzia julibrissin* Durazz.

落叶乔木。叶为二回羽状复叶。头状花序集成伞房状；花淡粉红色；萼片5，合生；花瓣5,合生，萼片和花瓣小而不明显；雄蕊多数，花丝基部合生。荚果扁。秦岭地区有野生或栽培。（图41-1）

### (2) 云实 *Caesalpinia sepiaria* Roxb.

落叶攀援灌木。枝条具倒钩刺。二回羽状复叶。总状花序顶生；萼筒短，具5齿；花瓣黄色；雄蕊10枚，花丝被毛；子房被柔毛。荚果木质，略膨胀。秦岭南坡广泛分布。（图41-2至图41-4）

图41-2　云实花序

图41-3　云实的花

图41-4　云实果实

### (3) 紫荆 *Cercis chinensis* Bunge

落叶乔木。单叶互生，全缘。花先叶开放，簇生于老枝上，紫红色；上向覆瓦状花冠，雄蕊10枚，离生；子房有柄。荚果扁平。秦岭各处有分布。（图41-5，图41-6）

图41-5　紫荆花枝

图41-6　紫荆的花



### (4) 刺槐 *Robinia pseudoacacia* L.

落叶乔木。具托叶刺。奇数羽状复叶互生。总状花序，花白色；荚果扁平。外来物种，原产于美洲。秦岭各地栽培。（图41-7）

### (5) 胡枝子 *Lespedeza bicolor* Turcz.

落叶灌木。三出复叶。总状花序腋生或顶生，花紫色；旗瓣较龙骨瓣长。荚果扁卵形。秦岭地区分布普遍。（图41-8，图41-9）

### (6) 杭子稍 *Campylotropis macrocarpa* (Bunge) Rehd.

落叶灌木。幼枝有毛。三出复叶。总状花序腋生，花紫色。荚果斜椭圆形。秦岭地区分布普遍。（图41-10）

图41-7　刺槐花序

图41-8　胡枝子植株

图41-9　绿叶胡枝子*L.buergeri* Miq. 花枝

图41-10 杭子梢花枝

图41-11 百脉根的花

### （7）百脉根 *Lotus corniculatus* Linn.

多年生草本。小叶5。伞形花序具3～4花，花黄色，干时蓝紫色。荚果长圆柱形。秦岭地区分布普遍。（图41-11）

图41-12 长柄山蚂蝗植株

图41-13 长柄山蚂蝗果实

### （8）长柄山蚂蝗 *Podocarpium podocarpum* (DC.) Yang et Huang

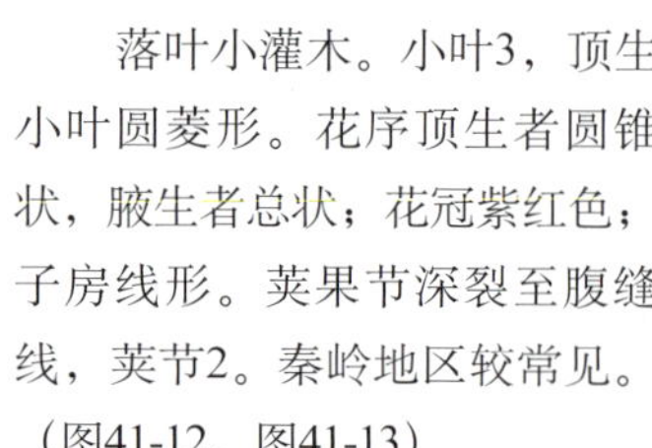

落叶小灌木。小叶3，顶生小叶圆菱形。花序顶生者圆锥状，腋生者总状；花冠紫红色；子房线形。荚果节深裂至腹缝线，荚节2。秦岭地区较常见。（图41-12，图41-13）

## 42. 瑞香科 Thymelaeaceae

图42-1 黄瑞香花序

图42-2 黄瑞香果枝

### 黄瑞香（祖师麻） *Daphne giraldii* Nitsche

落叶灌木。叶常集生于枝梢。花黄色；带芳香；常3～8朵成顶生头状花序；花被筒状，裂片4。核果卵形，鲜红色。秦岭地区较常见。（图42-1，图42-2）

## 43. 柳叶菜科 Onagraceae

### （1）柳兰 *Epilobium angustifolium* Linn.

图43-1 柳兰群落

图43-2 柳兰花序

多年生草本。高达1.5m。叶互生，披针形。总状花序顶生，花大，紫红色；蒴果圆柱形。种子多数，长圆状卵形，顶端具1簇黄色束毛。秦岭海拔1500m以上地区常见。（图43-1，图43-2）

### （2）露珠草 *Circaea quadrisulcata* (Maxim.) Franch.et Savat.

多年生草本。叶对生，广卵形至卵状披针形。总状花序顶生，花粉红色。果实倒卵状球形,密被软钩毛。秦岭地区较常见。（图43-3，图43-4）

图43-3 露珠草植株

图43-4 露珠草的花

## 44. 八角枫科 Alangiaceae

### 八角枫 *Alangium chinense* (Lour.) Harms

落叶灌木或小乔木。叶卵形或近圆形，基部多少有些不对称。花8 20多组成腋生二歧聚伞花序；花白色；萼钟状；花瓣线形。核果卵圆形，熟时黑色。秦岭地区较常见。（图44-1）

图44-1 八角枫花枝



## 45. 山茱萸科 Cornaceae

### （1）四照花 *Dendrobenthamia japonica*(DC.)Fang var.*chinensis*(Osborn)Fang

落叶小乔木。叶互生，侧脉明显。头状花序顶生，总苞片4，白色，花瓣状；花两性。花萼筒状，具4裂片；花瓣4，黄色；子房下位，2室。果序球形，熟时红色。秦岭地区较常见。（图45-1，图45-2）

图45-1 四照花花枝

图45-2 四照花果序

图45-3 毛梾花枝

图45-4 毛梾幼果

### (2) 毛梾 *Swida walteri* (Wanger.)Sojak

落叶乔木。叶对生。伞房状聚伞花序顶生；花小，白色，两性；萼齿4，花瓣4；雄蕊4，子房2室。核果球形，熟时黑色。秦岭地区较常见。（图45-3，图45-4）

### (3) 青荚叶 *Helwingia japonica* (Thunb.) Dietr.

图45-5 青荚叶雄花序

图45-6 青荚叶果实

落叶灌木。叶互生。花单性，雌雄异株；雄花组成聚伞花序，生于叶面；萼片3 5，绿色；花瓣3 5，黄绿色。雌花单生或2 3朵簇生于叶面，花瓣淡绿色；花柱3 5裂；核果近球形，熟时黑色。秦岭地区较常见。（图45-5，图45-6）



## 46. 檀香科 Santalaceae

### 米面翁属 *Buckleya* Torr.

图46-1 米面翁
*Buckleya henryi* Diels雌花

图46-2 秦岭米面翁
*B. graebneriana* Diels果实

半寄生落叶灌木。叶对生。花雌雄异株；雄花为顶生的伞形花序，有时腋生；雄花被钟状,4裂，无苞片；雄蕊4枚，与花被裂片对生。雌花单生枝端，有时腋生；苞片4枚，叶状，与花被裂片互生，宿存；子房下位。果实为核果。秦岭产2种。（图46-1，图46-2）

## 47. 蛇菰科 Balanophoraceae

### 筒鞘蛇菰 *Balanophora involucrata* Hook. f.

多年生肉质草本。常寄生于其他植物的根上。根状茎肥厚，干时脆壳质，球形；花雌雄异株，花序呈卵球形，雄花较大，雌花子房卵圆形。果实坚果状。秦岭地区有分布。（图47-1，图47-2）

图47-1 筒鞘蛇菰幼株

图47-2 筒鞘蛇菰成熟植株

## 48. 卫矛科 Celastraceae

### （1）栓翅卫矛 *Euonymus phellomanus* Loes.

落叶灌木。枝具4纵裂木栓质翅。叶对生。腋生聚伞花序，花绿白色；萼片4；花瓣4；雄蕊4枚；子房4室。蒴果倒三角状心形，具4棱。种子被橘黄色假种皮。秦岭地区较常见。（图48-1）

图48-1 栓翅卫矛枝上的翅



### （2）南蛇藤 *Celastrus orbiculatus* Thunb.

藤状灌木。叶互生。聚伞花序花单性，黄绿色，雌雄异株；萼裂片5，宿存；花瓣5；雄蕊5，生于花盘边缘；子房3心皮3室。蒴果近球形，熟时鲜黄色。种子被橙红色假种皮。秦岭地区较常见。（图48-2，图48-3）

图48-2 南蛇藤花序

图48-3 南蛇藤果实

## 49. 冬青科 Aquifoliaceae

### 猫儿刺 *Ilex pernyi* Franch.

常绿灌木或小乔木。叶革质，有光泽，叶缘具刺。花单性，雌雄异株，簇生于二年生小枝叶腋内；花淡黄色，全部4基数；子房卵圆形。核果浆果状，熟时红色。秦岭地区较常见。（图49-1）

图49-1 猫儿刺枝条

## 50. 大戟科 Euphorbiaceae

图50-1　大戟植株上部

图50-2　甘遂 *E. kansui* T.N.Liou ex S.B.Ho植株

### （1）大戟 *Euphorbia pekinensis* Rupr.

多年生草本。具白色乳汁。单叶互生。杯状聚伞花序顶生；总苞钟状或陀螺形，腺体4～5;雄花10～20；雌花1，具3条花柱，柱头先端2裂。蒴果三棱状球形，密被刺瘤。秦岭地区较常见。（图50-1，图50-2）

### （2）油桐 *Vernicia fordii* (Hemsl.) Airy-Shaw

落叶小乔木。单叶互生，叶柄顶端有2枚红色腺体。花单性，雌雄同株；组成圆锥花序或聚伞花序，花瓣白色，近基部有黄红色斑点，先叶开放；雄花有雄蕊8～20枚；雌花子房3～5室。核果球形。秦岭南坡低山区有分布。（图50-3至图50-5）

图50-3　油桐植株

图50-4　油桐的雄花

图50-5　油桐的雌花

图51-1　酸枣花枝

## 51. 鼠李科 Rhamnaceae

### （1）酸枣 *Ziziphus jujuba* Mill.var.*spinosa* (Bunge)Hu

落叶灌木或小乔木。具托叶刺。单叶互生，具三出叶脉。聚伞花序腋生，花黄绿色；花5数，雄蕊与花瓣对生；花盘发达，子房陷于花盘内。核果熟时红褐色。秦岭有分布。（图51-1）

### (2) 北枳椇(拐枣)
*Hovenia dulcis* Thunb.

落叶乔木。单叶互生，卵形或卵圆形，三出叶脉。伞房状聚伞花序顶生；花两性，黄绿色，5数；雄蕊与花瓣对生；子房3室。核果球形。果柄肉质，红褐色，可食。秦岭地区有分布。(图51-2，图51-3)

图51-2 北枳椇

图51-3 北枳椇花枝

## 52. 葡萄科 Vitaceae

### 蛇葡萄
*Ampelopsis bodinieri* (Lévl.et Vant.) Rehd.

落叶木质藤本。具茎卷须。单叶互生。聚伞花序与叶对生；花小，黄绿色；萼片5；花瓣5；雄蕊与花瓣对生；花盘杯状，子房2室。浆果球形，熟时蓝紫色。秦岭地区较常见。(图52-1，图52-2)

图52-1 蛇葡萄幼果

图52-2 大叶蛇葡萄 *A. megalophylla* Diels et Gilg 花序



## 53. 远志科 Polygalaceae

### 瓜子金 *Polygala japonica* Houtt.

多年生草本。茎丛生。叶互生。总状花序腋生，花淡紫色；萼片5，不等大，宿存；花瓣3，下部合生；雄蕊8枚，花丝下部合生成鞘；子房2室。蒴果倒心脏形。秦岭地区较常见。(图53-1至图53-3)

图53-1 瓜子金的花

图53-2 小扁豆*P.tatarinowii* Regel 植株

图53-3 小扁豆花序及幼果

## 54. 省沽油科 Staphyleaceae

### （1）膀胱果 *Staphylea holocarpa* Hemsl.

落叶灌木或小乔木。羽状三出复叶对生。圆锥花序腋生，花白色或粉色；5数花；萼片基部合生；花瓣匙状倒卵形；雄蕊生花盘边缘；子房3室。蒴果梨形或椭圆形。秦岭地区分布普遍。（图54-1）

**图54-1** 膀胱果果枝

### （2）野鸦椿 *Euscaphis japonica* (Thunb.) Dippel

落叶灌木或小乔木。枝叶揉碎后有恶臭味。羽状复叶对生。圆锥花序顶生，花黄绿色；萼片5，宿存；花瓣5；雄蕊5；子房2～3室，分裂至基部。膏葖果倒卵状椭圆形，熟时紫红色。秦岭地区较常见。（图54-2，图54-3）

**图54-2** 野鸦椿果枝

**图54-3** 野鸦椿果序

## 55. 无患子科 Sapindaceae

### 栾树 *Koelreuteria paniculata* Laxm.

落叶乔木。奇数羽状复叶互生。圆锥花序顶生，花淡黄色，中心紫色；萼片5；花瓣4；雄蕊8枚；子房3室。蒴果肿胀，边缘有膜质薄翅。秦岭有野生或栽培。（图55-1，图55-2）

**图55-1** 栾树花枝

**图55-2** 栾树果实

## 56. 七叶树科 Hippocastanaceae

### 七叶树 *Aesculus chinensis* Bunge.

落叶乔木。掌状复叶对生，小叶5～7。圆锥花序花杂性，白色；萼钟状，5裂；花瓣4，不等大；雄蕊6；子房3室。蒴果近球形，熟时黄褐色。秦岭地区有野生。（图56-1，图56-2）

图56-1　七叶树花序

图56-2　七叶树果枝

## 57. 槭树科 Aceraceae

### （1）庙台槭 *Acer miaotaiense* P.C.Tsoong

落叶乔木。叶对生，卵状三角形，3～5裂，下面一对裂片较小。伞房花序顶生；双翅果展开呈水平状。槭属(*Acer*)秦岭地区分布多种。（图57-1至图57-8）

图57-1　庙台槭植株

图57-2　庙台槭果实（叶创新拍）

图57-3　杈叶槭
*A.robustum* Pax 果枝

图57-4　地锦槭
*A.mono* Maxim.花序

图57-5　血皮槭
*A.griseum* (Franch.)Pax 果枝

图57-6 葛萝槭 *A.grosseri* Pax 花枝（杜喜春拍）

图57-7 葛萝槭果枝（杜喜春拍）

图57-8 青榨槭*A. davidii* Franch.果枝

### （2）太白金钱槭 *Dipteronia sinensis* Oliv.var.*taipeiensis* Fang et Fang f.

图57-9 太白金钱槭果实

图57-10 太白金钱槭果枝

落叶乔木。奇数羽状复叶对生。圆锥花序顶生，雄花和两性花同株；花白色，萼片5；花瓣5；雄蕊8枚；子房被毛。翅果圆形。我国特有，秦岭有分布。（图57-9，图57-10）



## 58. 漆树科 Anacardiaceae

### （1）漆树 *Toxicodendron verniciflnum* (Stokes) F. A. Barkley

图58-1 漆树花枝

图58-2 漆树果枝

落叶乔木。树皮所含白色乳汁（生漆）可引起皮肤瘙痒。羽状复叶互生。圆锥花序，花杂性或雌雄异株；花小，黄绿色，萼片5；花瓣5；雄蕊5，生花盘边缘；子房卵圆形，1室。核果扁圆形，棕黄色，含丰富蜡质。秦岭地区分布普遍。（图58-1，图58-2）

### （2）毛黄栌 *Cotinus coggygria* Scop var. *pubescens* Engl.

落叶灌木。单叶互生，广椭圆形或卵圆形。圆锥花序顶生；花杂性，黄色，萼片，花瓣及雄蕊各5；子房1室，花柱宿存。核果小，果穗上具多数不孕花，不孕花梗延长成羽毛状 。秦岭地区分布普遍。（图58-3）

图58-3　毛黄栌果序及不孕花梗

### （3）盐肤木 *Rhus chinensis* Mill.

落叶乔木。羽状复叶互生，叶轴及叶柄具翅。圆锥花序顶生，花杂性，黄白色；雄花萼片5，雄蕊5；两性花雄蕊5；子房密生长柔毛。核果近圆形。可放养五倍子蚜虫，产生的虫瘿称“五倍子”。秦岭地区分布普遍。（图58-4至图58-7）

图58-4　盐肤木花序

图58-5　青麸杨 *R. potaninii* Maxim.幼果枝

图58-6　青麸杨上寄生的五倍子（肚倍）

图58-7　青麸杨上寄生的五倍子（角倍）

## 59. 苦木科 Simaroubaceae

### 苦木 *Picrasma quassioides* (D. Don) Benn.

落叶小乔木。树皮有苦味。奇数羽状复叶互生。聚伞花序腋生，花小，黄绿色；花杂性，萼片5，果时宿存；花瓣5；雄蕊5，生于花盘基部；心皮4～5，离生。核果倒卵状球形。秦岭分布普遍。（图59-1，图59-2）

图59-1　苦木果枝

图59-2　苦木幼果

## 60. 芸香科 Rutaceae

### （1）花椒 *Zanthoxylum bungeanum* Maxim.

落叶灌木。有香气，具皮刺。奇数羽状复叶互生。聚伞状圆锥花序顶生，花单性；花被片4～8，一轮；雄花雄蕊5～7；雌花心皮4～6，通常3～4；蓇葖果红色。秦岭分布广泛。（图60-1）

图60-1　花椒果枝

### （2）臭檀 *Evodia daniellii* (Benn.) Hemsl.

落叶乔木。奇数羽状复叶对生。聚伞状圆锥花序顶生，花单性，通常为5数，白色，小形；雄花的雄蕊生于花盘基部；雌花心皮4～5，子房球形。蓇葖果紫红色或红褐色。秦岭地区较常见。（图60-2至图60-4）

图60-2　臭檀花枝

图60-3　吴茱萸 *E.rutaecarpa* (Juss.)Benth.果枝

图60-4　吴茱萸果实

### （3）秃叶黄檗（秃叶黄皮树）*Phellodendron chinense* Schneid.var.*glabriusculum* Schneid

落叶乔木。奇数羽状复叶对生。聚伞圆椎花序顶生；花小，单性，黄绿色；萼片5；花瓣5；雄花的雄蕊5；雌花子房5室。果实为浆果状核果，近圆球形，黑色，有特殊香气。秦岭地区有分布。（图60-5）

图60-5　秃叶黄檗花枝

## 61. 酢酱草科 Oxalidaceae

### 白花酢酱草 *Oxalis acetosella* Linn.

多年生草本。叶基生，掌状复叶具三小叶。花基生，白色，基部带紫色条纹；萼片5，基生；花瓣5；雄蕊10枚，长短互间，基部合生；子房5室。蒴果卵球形。秦岭地区较常见。（图61-1至图61-3）

图61-1 白花酢酱草植株

图61-2 白花酢酱草的花

图61-3 酢酱草*O. corniculata* Linn.的花

## 62. 牻牛儿苗科 Geraniaceae

### 甘青老鹳草（珠根老鹳草）*Geranium pylzowianum* Maxim.

多年生细弱草本。具串珠状或长圆形块根。叶互生，掌状5深裂。总花梗具2花；萼片5；花瓣5，紫红色；雄蕊10枚，2轮排列，外轮比内轮花丝长；子房由5心皮构成5室，被密毛。蒴果有喙。秦岭海拔2000m以上地区常见。（图62-1，图62-2）

图62-1 甘青老鹳草植株

图62-2 甘青老鹳草的花



## 63. 凤仙花科 Balsaminaceae

### 凤仙花 *Impatiens balsamina* Linn.

一年生草本。茎肉质。叶互生。花大，具多种颜色，单生或数朵簇生；萼片2，宽卵形；花瓣5，最上一瓣为旗瓣，较大；侧面2瓣为翼瓣；下方2瓣为唇瓣；唇瓣结合，向后延伸成距；雄蕊5枚；子房5室。蒴果室背开裂。秦岭地区常见栽培种。（图63-1，图63-2）

图63-1 凤仙花植株

图63-2 凤仙花的花

图64-1 楤木花枝

## 64. 五加科 Araliaceae

### （1）楤木 *Aralia chinensis* L.

图64-2 楤木二回羽状复叶

图64-3 楤木圆锥花序

落叶灌木或小乔木。通体具刺。二至三回奇数羽状复叶。伞形花序集成大型圆锥花序，伞形花序具朵花；萼钟状，5裂；花瓣5，白色；雄蕊5；子房5室。果实近球形，熟时黑紫色。秦岭地区广泛分布。（图64-1至图64-3）



### （2）大叶三七 *Panax pseudo-ginseng* Wall.var.*japonicus* (C.A.Mey.) Hoo et Tseng

图64-4 大叶三七植株

图64-5 大叶三七根状茎

多年生草本。根茎细长，节膨大，呈球形或纺锤形。掌状复叶3～5片轮生于茎顶。伞形花序单生，花两性或杂性；萼筒圆锥形，具5齿；花瓣5，淡黄绿色；雄蕊5；子房2室。核果浆果状。秦岭地区较常见。（图64-4，图64-5）

图64-6 蜀五加花序及幼果枝

### （3）蜀五加 *Acanthopanax setchuenensis* Harms

落叶灌木。有少数皮刺。掌状复叶互生，小叶通常3。伞形花序3～7个丛生；萼具不明显的5齿裂；花瓣5，淡黄绿色；雄蕊5枚；子房5室。果实近圆球形，熟时黑褐色。秦岭地区分布普遍。（图64-6）

## 65. 伞形科 Umbelliferae

图65-1 芫荽花序

### （1）芫荽 *Coriandrum sativum* Linn.

一年生草本。有强烈香气。基生叶一至二回羽状全裂；茎生叶二至三回羽状深裂。复伞形花序伞辐2～8；小伞形花序有花10～20朵；花白色或淡紫色。果实近球形，无毛。原产地中海，我国广泛栽培。（图65-1）

图65-2 短毛独活植株上部

### （2）短毛独活 *Heracleum moellendorffii* Hance

二年生草本。叶为三出式羽状全裂。复伞形花序顶生和腋生；小伞形花序有花20余朵；花小，白色，辐射状花瓣深裂；雄蕊5；果实背腹压扁，侧棱有宽翅。秦岭地区分布普遍。（图65-2）

图65-3 北柴胡花序

### （3）北柴胡 *Bupleurum chinense* DC.

多年生草本。茎单一或丛生。叶基生或茎生，全缘，常具平行叶脉。复伞形花序较疏松，伞辐3～8，小伞形花序有花5～10朵；花黄色。果实长圆形，有白粉。秦岭分布普遍。（图65-3）

图65-4 野胡萝卜幼果序

### （4）野胡萝卜 *Daucus carota* L.

二年生草本。基生叶具长柄，二至三回羽状分裂；茎生叶近无柄。复伞形花序，伞辐多数;花白色、黄色或淡红色，多数；果实长圆形。分果主棱5条，具刚毛，次棱4条，有翅，翅上具一行钩状刺。秦岭低海拔地区常见。（图65-4）

图65-5 变豆菜植株上部

### （5）变豆菜 *Sanicula chinensis* Bunge.

二年生草本。无毛。茎下部生叶，基部叶有长柄，茎生叶逐渐变小。花序二至三回二歧式分枝，小伞形花序有花8～10朵；花白色或黄白色，杂性；雄花有短梗；两性花无梗。果实球状圆卵形，密被具钩的硬皮刺，宿萼呈喙状。秦岭地区广泛分布。（图65-5）

## 66. 马钱科Loganiaceae

### 巴东醉鱼草 *Buddleja albiflora* Hemsl.

图66-1　巴东醉鱼草花枝

图66-2　巴东醉鱼草花序

落叶灌木，被黄色星状毛。叶对生，长圆形或披针形。聚伞状圆锥花序顶生；花萼钟状，花冠筒状，淡紫色；雄蕊4，生于花冠喉部；子房圆形。蒴果长圆形。秦岭地区较常见。（图66-1，图66-2）

## 67. 龙胆科 Gentianaceae

### （1）双蝴蝶 *Tripterospermum affine* (Wall. ) H.Smith

图67-1　双蝴蝶植株

图67-2　双蝴蝶花

多年生缠绕成本。基生叶密集呈莲座状，茎生叶对生，卵状披针形或卵形。花大，顶生或1～3朵簇生于叶腋；淡紫色；花萼5裂；花冠漏斗状，5裂，裂片间有宽褶；雄蕊5；子房具长柄,基部具花盘。蒴果长圆形。秦岭有分布。（图67-1，图67-2）



### （2）假水生龙胆 *Gentiana pseudo-aquatica* Kusnez.

图67-3　假水生龙胆

图67-4　肾叶龙胆 *G. crassuloides* Burean

一年生小草本。基生叶呈莲座状，茎生叶对生，卵形或长倒卵形。花单生于茎端；花萼漏斗状；花冠漏斗状或钟状；蓝色或淡蓝色；雄蕊5枚；着生于花冠筒中部；子房上位，花柱明显。蒴果长圆形，有宿存花柱。秦岭高海拔地区较常见。（图67-3，图67-4）

## 68. 夹竹桃科 Apocynaceae

### 络石 *Trachelospermum jasminoides* (Lindl.) Lem.

常绿木质藤本，具乳汁。叶对生。二歧聚伞花序腋生或顶生；花萼5裂，内面具10枚腺体；花冠高脚碟状，白色，芳香；雄蕊5枚，着生于花冠筒上，花药箭头形；心皮2，离生。蓇葖果双生。秦岭地区较常见。（图68-1，图68-2）

图68-1　络石花序

图68-2　络石的花

## 69. 萝藦科 Asclepiadaceae

### （1）杠柳 *Periploca sepium* Bunge

落叶蔓性灌木，植物体具乳汁。叶对生，卵状长圆形或披针形。聚伞花序腋生，有多数花；花萼5深裂，内面基部有腺体；花冠辐状，紫红色；副花冠生于花冠基部，10裂，其中5裂延伸成丝状；雄蕊5枚，花药粘连，花粉器匙形；子房上位。蓇葖果双生。秦岭地区较常见。（图69-1，图69-2）

图69-1　杠柳花枝

图69-2　杠柳的花



### （2）大理白前 *Cynanchum forrestii* Schltr.

多年生草本，植株含白色乳汁。叶对生，伞形聚伞花序腋生或顶生；花萼5深裂；花冠辐状，黄色；副花冠肉质；雄蕊花粉块每室1个；子房上位，由2枚离生心皮构成。蓇葖果单生。秦岭地区较常见。（图69-3至图69-5）

图69-3　大理白前植株

图69-4　大理白前的花

图69-5　大理白前幼果

图69-6　华萝藦的花序

### (3) 华萝摩 *Metaplexis hemsleyana* Oliv.

多年生草质藤本植物，具乳汁。叶对生，叶柄先端具丛生腺体。聚伞花序腋生花白色芳香；萼裂片披针形；花冠近辐状；副花冠环状；花粉块每室1个；子房上位，由2枚离生心皮所构成。蓇葖果双生。秦岭地区较常见。（图69-6）

## 70. 茄科 Solanaceae

### (1) 马铃薯 *Solanum tuberosum* Linn.

图70-1　马铃薯植株

图70-2　马铃薯的花

一年生栽培草本。奇数羽状复叶互生。伞房状聚伞花序顶生；花萼钟状，5裂；花冠辐状，白色或蓝紫色；雄蕊5枚，顶孔开裂；子房卵圆形。蒴果圆球形，光滑无毛。秦岭地区多栽培。（图70-1，图70-2）



### (2) 曼陀罗 *Datura stramonium* Linn.

图70-3　曼陀罗植株上部

图70-4　曼陀罗幼果

草本植物，单叶互生。花单生于叶腋或节间；花萼筒状，5浅裂；花冠漏斗形，檐部5浅裂，下部淡绿色，上部白色或紫色；雄蕊5枚；子房卵形，2室或不完全4室。蒴果卵形或卵状球形，被粗壮的刺。秦岭地区较常见。（图70-3，图70-4）

### （3）挂金灯 *Physalis alkekengi* L. var. *francheti* (Mast.) Makino

图70-5　挂金灯果实

多年生草本。茎下部叶互生，茎上部叶假对生。花单生于叶腋；花萼钟状，绿色，5裂；花冠辐状，5裂，白色；雄蕊5枚，花药黄色；子房2室。浆果球形，成熟时红色。宿存果萼红色或橙色。秦岭地区较常见。（图70-5）

## 71. 旋花科 Convolvulaceae

### （1）打碗花 *Calystegia hederacea* Wall.

一年生草本，茎缠绕或平卧，具乳汁。叶互生；花单生叶腋；小苞片2，大型，宿存；萼片5片；花冠漏斗形或钟状；雄蕊5枚；子房1室或不完全2室。果实为蒴果。秦岭地区。常见杂草。（图71-1，图71-2）

图71-1　打碗花植株

图71-2　打碗花的花

### （2）牵牛 *Pharbitis nil* (Linn.) Choisy

一年生草本，茎缠绕。叶互生。花序腋生，1～3花；苞片细长；萼片披针形；花冠漏斗形,白色、蓝紫色或紫红色；雄蕊不等长；子房3室。蒴果球形。原产热带美洲，秦岭多栽培。（图71-3）

图71-3　牵牛花

### （3）甘薯 *Ipomoea batatas* (Linn.)Lam.

图71-4　甘薯植株

图71-5　甘薯的花

多年生草本，具乳汁。茎匍匐。叶互生。花序腋生，有时单生；萼片5；花冠钟状漏斗形，紫红色或白色；雄蕊5枚，不等长；子房2室。蒴果少见。秦岭地区常见栽培植物，块根供食用。（图71-4，图71-5）

## 72. 菟丝子科 Cuscutaceae

### 金灯藤 *Cuscuta japonica* Choisy

一年生无叶寄生缠绕性草本，常带红色，有紫色斑点。花萼碗状，5裂；花冠钟状，白色或带粉色；先端5裂；雄蕊5枚，几无花丝；子房2室。蒴果卵圆形。秦岭地区较常见，常寄生于蒿属、豆科植物上。（图72-1至图72-3）

图72-1　金灯藤植株

图72-2　金灯藤花序

图72-3　菟丝子*Cuscuta chinensis* Lam.



## 73. 花荵科Polemoniaceae

### 中华花荵 *Polemonium coeruleum* Linn. var. *chinense* Brand

图73-1　中华花荵植株上部

图73-2　中华花荵的花

多年生草本，茎不分枝。奇数羽状复叶互生。花序圆锥状，顶生；花萼筒状，密生腺毛；花冠钟状，蓝色；雄蕊5，着生于花冠上部；子房上位，3室。蒴果卵形。秦岭地区较常见。（图73-1，图73-2）

## 74. 紫草科 Boraginaceae

### 琉璃草 *Cynoglossum zeylanicum* (Vahl) Thunb. ex Lehm.

二年生草本，全株被毛。叶互生。聚伞花序，分枝呈锐角状；花萼5深裂；花冠淡蓝色，5裂；雄蕊5枚，内藏；子房4裂。小坚果4枚，密生锚状刺。秦岭地区较常见。（图74-1至图74-3）

图74-1　琉璃草植株

图74-2　琉璃草的花

图74-3　琉璃草幼果

## 75. 马鞭草科 Verbenaceae

### （1）马鞭草 *Verbena officinalis* Linn.

多年生草本，茎四棱形。叶对生。穗状花序顶生或腋生；花萼筒状，5裂；花冠淡紫色或蓝色，筒状，裂片5，檐部稍二唇形；雄蕊4枚，二强；子房4室。蒴果包于宿萼内，成熟时裂为4个小坚果。秦岭低海拔地区较常见。（图75-1，图75-2）

图75-1　马鞭草植株

图75-2　马鞭草花序

图75-3　黄荆花枝

### （2）黄荆 *Vitex negundo* Linn.

落叶灌木或小乔木。叶对生，掌状复叶具3～5片小叶。圆锥花序顶生，长达30cm；花萼钟状，有5齿；花冠淡紫色，5裂，二唇形；雄蕊4枚，二强；子房2室。核果球形。秦岭地区较常见。（图75-3）

### （3）臭牡丹 *Clerodendrum bungei* Steud.

落叶小灌木。单叶对生，叶有强烈臭味。聚伞花序顶生，亦有臭味；花萼紫红色；花冠淡紫色、红色或紫色，5裂；雄蕊4枚；子房上位，不完全4室。核果倒卵形或球形，蓝紫色。秦岭地区较常见。（图75-4，图75-5）

图75-4　臭牡丹植株

图75-5　臭牡丹花序

### （4）海州常山 *Clerodendrum trichotomum* Thunb.

落叶灌木或小乔木。叶对生，有特殊气味。伞房状聚伞花序顶生或腋生；花萼紫红色，5深裂，宿存；花冠细筒状，顶端5深裂；白色或带粉色；雄蕊4枚，外露；子房为不完全4室。核果扁球形，熟时蓝紫色。秦岭地区分布普遍。（图75-6，图75-7）

图75-6　海州常山花枝

图75-7　海州常山的花



### （5）窄叶紫珠 *Callicarpa japonica* Thunb. var. *angustata* Rehd.

落叶灌木。单叶对生。聚伞花序顶生，叶和花序通常被星状毛。花萼短钟状，4裂；花冠白色或粉色，筒部短，4裂；雄蕊4枚，外露。核果球形。秦岭地区较常见。（图75-8，图75-9）

图75-8　窄叶紫珠植株

图75-9　窄叶紫珠花序

## 76. 唇形科 Labiatae (Lamiaceae)

### （1）斜萼草 *Loxocalyx urticifolius* Hemsl.

多年生草本。单叶对生，具长柄。轮伞花序腋生；小苞片钻形；花萼管状，不等二唇形；花冠二唇形，粉红色或紫红色；雄蕊4，二强；子房无毛，柱头2裂。小坚果长卵形，栗褐色。秦岭地区较常见。（图76-1，图76-2）

**图76-1** 斜萼草植株

**图76-2** 斜萼草的花

### （2）丹参 *Salvia miltiorrhiza* Bunge

多年生草本，具红色肉质根。羽状复叶对生。轮伞花序成顶生总状花序；花两性，两侧对称；萼片5，具5齿；花冠二唇形，紫色、5裂；雄蕊2，生花冠管上，具退化雄蕊；子房上位，具下位花盘。小坚果黑色。秦岭各地有分布。（图76-3）

**图76-3** 丹参花序



### （3）筋骨草 *Ajuga ciliata* Bunge

多年生草本。单叶对生。轮伞花序密集成顶生穗状花序；苞片大，紫红色；花萼漏斗状，5裂；花冠紫色或蓝紫色，二唇形；雄蕊4，二强；子房4裂。小坚果长圆形或卵状三角形，背部有网状纹。秦岭地区较常见。（图76-4，图76-5）

**图76-4** 筋骨草植株

**图76-5** 筋骨草花序

### （4）活血丹 *Glechoma longituba* (Nakai)Kupr.

图76-6　活血丹植株

图76-7　活血丹花序

多年生草本，具匍匐枝。单叶对生。轮伞花序腋生；花萼筒状，5裂；花冠漏斗形，蓝色或蓝紫色，唇瓣有深红色斑点；雄蕊4枚；子房无毛，柱头2裂，花盘环状。小坚果深褐色。秦岭地区较常见。（图76-6，图76-7）

图76-8　甘露子花序

### （5）甘露子 *Stachys sieboldi* Miq.

多年生草本，地下具块茎。叶对生。轮伞花序腋生；花萼管状，5裂片近相等；花冠粉红色或紫色，二唇形；雄蕊4，近等长；花柱2裂，花盘波状。小坚果褐色。秦岭地区较常见，地下块茎可食用。（图76-8）



### （6）夏枯草 *Prunella vulgaris* Linn.

图76-9　夏枯草植株

图76-10　夏枯草花序

多年生草本。单叶对生。轮伞花序具多花，排成密集的顶生假穗状花序；花萼钟状，二唇形；花冠紫色、蓝色或紫红色；二唇形；雄蕊4枚，二强；子房无毛，柱头2裂。小坚果黄褐色。秦岭地区分布普遍。（图76-9，图76-10）

### （7）动蕊花 *Kinostemon ornatum* (Hemsl.)Kudo

多年生草本。叶对生，卵状披针形或长圆状线形。由轮伞花序组成顶生总状花序；花萼钟形；花冠紫色，二唇形，上唇2裂，下唇3裂；雄蕊4枚，外露；子房球形，柱头2裂。小坚果具不明显网纹。秦岭地区较常见。（图76-11，图76-12）

**图76-11** 动蕊花植株

**图76-12** 动蕊花花序

### （8）野芝麻 *Lamium barbatum* Sieb.et Zucc.

多年生草本。单叶对生，具长柄。轮伞花序腋生；苞片披针形；花萼钟状，5裂；花冠白色或淡黄色，二唇形；雄蕊4，花丝扁平；子房无毛，柱头2裂，花盘杯状。小坚果黑褐色。秦岭地区较常见。（图76-13）

**图76-13** 野芝麻花序



### （9）大花糙苏 *Phlomis megalantha* Diels

多年生草本。单叶对生，具长柄。轮伞花序具多花；花萼管状钟形，5裂；花冠黄色，二唇形；雄蕊4，二强；子房上位，柱头2，不相等。小坚果褐色。秦岭地区较常见。（图76-14，图76-15）

**图76-14** 大花糙苏花序

**图76-15** 糙苏*P. umbrosa* Turcz.花序

### （10）益母草 *Leonurus artemisia* (Lour.)S.Y.Hu

图76-16　益母草植株

图76-17　益母草花序

一年或二年生草本。叶对生，叶形变化大。轮伞花序腋生；小苞片刺状；花萼管状，5裂；花冠粉红色至淡紫红色，二唇形；雄蕊4，二强；子房无毛，花柱2裂。小坚果褐色。秦岭浅山区较常见。（图76-16，图76-17）

图76-18　麻叶风轮菜植株

### （11）麻叶风轮菜 *Clinopodium urticifolium* (Hance) C.Y.Wu

多年生草本。单叶对生，密被毛。聚伞花序具多花；花萼狭管状，5裂；花冠紫红色，二唇形；雄蕊4枚；子房无毛，柱头不明显2裂。小坚果褐色。秦岭地区较常见。（图76-18）



## 77. 透骨草科 Phrymataceae

### 透骨草 *Phryma leptostachya* Linn.ssp.*asiatica* (Hara)Kitamura

多年生草本，茎四棱。单叶对生。穗状花序顶生或腋生；花小，疏生；花萼筒状，有5纵棱；花冠漏斗状筒形，蓝紫色、淡红色至白色；檐部2唇形，上唇2裂，下唇3裂；雄蕊4枚，着生于花冠基部；子房上位，基底胎座。瘦果包藏于宿存萼筒内。秦岭地区较常见。（图77-1，图77-2）

图77-1　透骨草植株

图77-2　透骨草花序

## 78. 车前科 Plantaginaceae

### 车前*Plantago asiatica* Linn.

多年生草本，多须根。叶基生。花葶多条；穗状花序狭长；花绿白色，花萼具短喙，4裂；花冠干膜质，4裂，裂片披针形；雄蕊4枚，外露；雌蕊1枚，花柱细长。蒴果椭圆形，盖裂（周裂）。秦岭地区分布普遍。（图78-1至图78-3）

图78-1 车前植株

图78-2 车前花序

图78-3 车前果序

## 79. 木犀科 Oleaceae

### （1）连翘 *Forsythia suspensa* (Thunb.) Vahl

落叶灌木，枝条髓中空。单叶对生，有时呈羽状三出复叶。花黄色，先叶开放；花萼4深裂；花冠4裂；雄蕊2枚；子房2室，花柱二型。蒴果卵形，表面散生瘤点。秦岭地区较常见。（图79-1，图79-2）

图79-1 连翘的花

图79-2 连翘果实

### （2）华北紫丁香 *Syringa oblata* Lindl.

落叶灌木或小乔木。叶对生。圆锥花序顶生；花紫色或淡粉红色；花萼小，钟形，4裂；花冠漏斗状，圆筒形，檐部4裂；雄蕊2枚，着生于冠筒中部；花柱棍棒状，柱头2裂。蒴果长卵形。秦岭地区较常见。（图79-3，图79-4）

图79-3 华北紫丁香花序

图79-4 华北紫丁香的花

### （3）水曲柳 *Fraxinus mandschurica* Rupr.

图79-5　水曲柳果序

图79-6　水曲柳果实

落叶乔木，高达30m。奇数羽状复叶对生。圆锥花序侧生于二年生小枝上；花单性，雌雄异株；花无花被，雄花具2枚雄蕊；雌花具2枚退化败育的雄蕊，柱头2裂。翅果扭曲，长圆状披针形，扁平。秦岭地区较常见。（图79-5，图79-6）

图79-7　木犀花枝

### （4）木犀（桂花）*Osmanthus fragrans* (Thunb.) Lour.

常绿乔木。单叶对生，革质。聚伞花序簇生于叶腋；花白色或淡黄色，具浓郁香味；花萼杯状，先端4裂；花冠4深裂；雄蕊2枚，着生于冠筒顶部；子房卵圆形。核果椭圆形。秦岭地区多见栽培。（图79-7）

图79-8　黄素馨花枝

### （5）黄素馨 *Jasminum floridum* Bunge Subsp. *giraldii* (Diels) Miao

落叶灌木。羽状复叶互生，小叶3；伞房状聚伞花序顶生，具花3～9朵；花萼4裂，裂片锥尖；花冠黄色，檐部裂片卵形；雄蕊2，内藏；花柱细长。浆果椭圆形或近球形。秦岭地区分布普遍。（图79-8）

### （6）流苏树 *Chionanthus retusus* Lindl. et Paxt.

图79-9　流苏树的花

图79-10　流苏树植株

落叶灌木或小乔木。单叶对生，革质。聚散圆锥花序顶生；花单性，白色，雌雄异株；花萼4深裂；花冠筒短，檐部4深裂，裂片披针形，长达2cm；雄蕊2枚；雌花子房2室，柱头2裂。核果椭圆形，熟时蓝黑色。秦岭地区较常见。（图79-9，图79-10）

## 80. 玄参科 Scrophulariaceae

### （1）毛泡桐 *Paulownia tomentosa* (Thunb.) Steud.

落叶大乔木，髓发达。叶对生。聚伞状圆锥花序，密被毛；花萼浅钟状，先端5裂；花冠钟形，淡紫色至蓝紫色；花冠外面被毛，花冠内面具紫色条纹及斑点；雄蕊4枚，二强；子房卵圆形，花柱比雄蕊长。蒴果卵形，种子具翅。秦岭地区较常见。（图80-1，图80-2）

图80-1　毛泡桐植株

图80-2　毛泡桐的花

### （2）婆婆纳 *Veronica didyma* Tenore

一年生草本，茎匍匐或上升。叶在茎下部对生，上部互生。花成顶生总状花序；花萼4深裂，宿存，花冠淡紫色或蓝色，4深裂，筒部极短；雄蕊2枚；子房2室。蒴果近肾形，稍扁。常见杂草。秦岭广布种植。（图80-3）

### （3）草本威灵仙 *Veronicastrum sibiricum* (Linn.) Pennell

多年生直立草本。叶3～8片轮生。穗状花序顶生，长10～25cm；花萼5深裂，裂片不等长；花冠筒状，紫红色或蓝紫色，檐部4裂；雄蕊2，花丝细长。蒴果卵形。秦岭地区较常见。（图80-4）

### （4）通泉草 *Mazus japonicus* (Thunb.) O. Kuntze

一年生草本。叶对生或互生。总状花序顶生；花萼钟状，5裂；花冠紫色或蓝色，二唇形，上唇2裂，下唇3裂；雄蕊4，二强；生于花冠筒部；子房上位，柱头2裂。蒴果球形。秦岭地区较常见。（图80-5）

图80-3　婆婆纳的花

图80-4　草本威灵仙花序

图80-5　通泉草的花

### （5）四川沟酸浆 *Mimulus szechuanensis* Pai

图80-6　四川沟酸浆植株

图80-7　四川沟酸浆的花

多年生直立草本，茎四棱。叶对生。花单生于叶腋，具长柄；花萼筒状，宿存，果期囊泡状；花冠黄色，喉部有紫斑；上唇2裂，下唇3裂；雄蕊4，二强；子房长圆形,柱头2裂。蒴果长圆形，藏于宿存花萼内。秦岭地区分布普遍。（图80-6，图80-7）

### （6）藓生马先蒿 *Pedicularis muscicola* Maxim.

图80-8　藓生马先蒿植株

图80-9　藓生马先蒿的单花

多年生草本，干时稍变黑色。叶互生，羽状全裂。花腋生，有花柄；花萼圆筒状，花冠紫红色，花冠筒长4～6cm，外面被毛；盔在基部即向左方扭折，前方渐细为卷曲或S形的长喙。蒴果稍扁平，藏于宿存花萼内。秦岭地区较常见。（图80-8，图80-9）



### （7）地黄 *Rehmannia glutinosa* (Gaert.) Libosch. ex Fisch. et Mey.

图80-10　地黄植株

图80-11　地黄的花

多年生草本。全株被白色长腺毛。叶基生，莲座状，茎生叶小。总状花序顶生；花萼坛状，5裂；花冠筒状，微弯，紫红色，上唇2裂，下唇3裂；雄蕊4枚，二强；子房上位，柱头2裂。蒴果卵形，种子多数。秦岭地区较常见。（图80-10，图80-11）

## 81. 苦苣苔科Gesneriaceae

### （1）半蒴苣苔 *Hemiboea henryi* Clarke

多年生草本。叶对生，叶柄具翅，基部成船形。聚伞花序腋生；萼片5；花冠白色，具紫色斑点，上唇2浅裂，下唇3浅裂，能育雄蕊2枚，具3枚退化雄蕊；子房近线形。蒴果近镰刀形。秦岭地区有分布。（图81-1至图81-3）

图81-1　半蒴苣苔植株

图81-2　半蒴苣苔花序

图81-3　半蒴苣苔花解剖

### （2）吊石苣苔 *Lysionotus pauciflorus* Maxim.

小灌木。叶3片轮生。聚伞花序近顶生；花萼5裂；花冠白色带淡紫色条纹或淡紫色，二唇形，上唇2裂，下唇3裂；能育雄蕊2枚，具3枚退化雄蕊；雌蕊无毛。蒴果线形。秦岭南坡有分布。（图81-4，图81-5）

图81-4　吊石苣苔植株上部

图81-5　吊石苣苔花正面观



## 82. 桔梗科 Campanulaceae

### （1）党参 *Codonopsis pilosula* (Franch.) Nannf.

缠绕性草本，具乳汁，有特殊气味。叶互生或有时对生。花单生于叶腋；花萼半上位，具5裂片；花冠宽钟状，淡黄绿色，具紫色斑点；雄蕊5，分离；子房半下位，3室。蒴果圆锥形，具宿存萼片。秦岭地区分布普遍。（图82-1，图82-2）

图82-1　党参花枝

图82-2　秦岭党参 *C. tsinlingensis* Pax et Hoffm.的花

### （2）紫斑风铃草 *Campanula punctata* Lam.

多年生草本。基部叶丛生，花期枯死；茎生叶互生。疏圆锥状花序顶生；花俯垂，萼筒倒圆锥状，裂片披针形；花冠钟状，白色，具紫色斑点；雄蕊5，离生；子房下位，3室。蒴果半球形。秦岭地区较常见。（图82-3）

图82-3　紫斑风铃草的花

### （3）桔梗 *Platycodon grandiflorus* (Jacq.) A. DC.

多年生草本，具肉质根，具乳汁。叶互生或轮生。花单生茎顶或3～4朵生于枝端；花萼筒钟状；花冠蓝紫色，宽钟状，开展；雄蕊5，离生；子房下位，5室。蒴果卵圆形。具多数种子。秦岭地区常见栽培。（图82-4）

图82-4　桔梗花枝

## 83. 茜草科 Rubiaceae



### （1）鸡矢藤 *Paederia scandens* (Lour.) Merr.

图83-1　鸡矢藤花枝及托叶

图83-2　鸡矢藤的花

缠绕藤本，多分枝，有特殊气味。叶对生，具叶柄间托叶，托叶三角形。聚伞花序排成顶生圆锥花序；花萼筒陀螺形，檐部5裂；花冠淡紫色，筒状，檐部5裂；雄蕊5，着生于花冠筒内。核果球形，熟后黄色。秦岭地区分布普遍。（图83-1，图83-2）

### （2）茜草 *Rubia cordifolia* Linn.

多年生攀援草本，枝条4棱形，棱上具小刺。叶通常4片轮生。聚伞花序顶生和腋生；花萼筒近球形；花冠黄白色或白色，辐状，檐部5裂；雄蕊5，着生于花冠筒喉部；子房2室。浆果球形，熟时黑色或紫黑色。秦岭地区分布普遍。（图83-3）

图83-3　茜草花枝

### （3）栀子 *Gardenia jasminoides* Ellis

常绿灌木。叶对生或轮生。托叶膜质，鞘状。花单生于枝端，白色，芳香；花萼筒倒圆锥状，具纵棱，檐部5深裂；花冠高脚碟状；雄蕊6，着生于花冠喉部；子房下位，1室，侧膜胎座。果实卵形至长椭圆形，具宿存花萼。秦岭南坡常见栽培。（图83-4，图83-5）

图83-4　栀子花

图83-5　栀子幼果

## 84. 忍冬科 Caprifoliaceae

### （1）忍冬 *Lonicera japonica* Thunb.

攀援半常绿灌木。单叶对生。聚伞花序具2花，花萼筒短，5深裂；花冠白色，后变黄色；唇形，上唇裂片4，下唇裂片1；雄蕊5，着生于花冠筒内；子房下位。浆果熟时蓝紫色。本属植物秦岭地区广泛分布。（图84-1至图84-10）

图84-1　忍冬花开放初期

图84-2　忍冬花开放后期

图84-3　四川忍冬 *L.szechuanica* Batal.花枝

图84-4　四川忍冬果实

图84-5　盘叶忍冬 *L.tragophylla* Hemsl.花枝

图84-6　盘叶忍冬花序

图84-7　刚毛忍冬
*L.hispida* Pall.ex Roem.et Schult.花序

图84-8　刚毛忍冬果实

图84-9　金银忍冬
*L.maachii* (Rupr.) Maxim.花枝

图84-10　苦糖果
*L.standishii* Carr.果实



## （2）桦叶荚蒾 *Viburnum betulifolium* Batal.

落叶灌木或小乔木。叶对生。复伞形花序顶生或侧生；花萼筒具5齿；花冠白色，辐状，檐部具5裂片；雄蕊5，着生于花冠筒上；子房下位，柱头高于萼齿。核果近球形，熟时红色。秦岭地区该属植物较常见。（图84-11至图84-16）

图84-11　桦叶荚蒾花序

图84-12　丛花荚蒾
*V. glomeratum* Maxim.果实

图84-13　阔叶荚蒾
*V. lobophyllum* Graebn.花枝

图84-14　细梗红荚蒾
*V. erubescens* Wall. var. *gracilipes* Rehd.果实

图84-15　蒙古荚蒾
*V. mongolicum* (Pall.) Rehd.花序

图84-16　蝴蝶戏珠花（蝴蝶荚蒾）
*V. plicatum* Thunb.var.*tomentosum* (Thunb.)miq.花序

### （3）接骨木 *Sambucus williamsii* Hance

落叶灌木或小乔木。羽状复叶对生，小叶3～11。聚伞圆锥花序顶生；花小而密集；蕾时带粉红色，开后白色或淡黄色；花萼筒杯状；花冠辐状，檐部5裂；雄蕊5，着生于花冠筒基部；子房3室。核果浆果状，熟时红色。秦岭地区分布普遍。（图84-17，图84-18）

图84-17　接骨木花序

图84-18　接骨木果实



### （4）猬实 *Kolkwitzia amabilis* Graebn.

落叶灌木，多分枝。叶对生。伞房状圆锥聚伞花序腋生于侧生短枝顶端；每聚伞花序具2花，2花的萼筒下部合生；花冠粉红色至紫色；雄蕊4枚，二强；子房3室，仅1室发育。2个果实合生，外被黄色刺刚毛。秦岭地区有分布。（图84-19，图84-20）

图84-19　猬实开花植株

图84-20　猬实果实

### （5）羽裂叶莛子藨 *Triosteum pinnatifidum* Maxim.

多年生草本。叶对生，具3～4对叶片。聚伞花序顶生；花萼筒裂片5；花冠黄绿色，狭钟形；雄蕊5，着生于花冠筒中部以下，子房下位，花柱基部被长柔毛。核果卵状球形，肉质，白色，具腺毛。秦岭地区分布普遍。（图84-21）

### (6) 短枝六道木 *Abelia englerina* (Graebn.)Rehd.

图84-21 羽裂莛子藨果实

图84-22 短枝六道木花枝

落叶灌木。单叶对生。花生于侧生短枝顶端叶腋，组成聚伞花序；花萼筒细长；花冠红色,狭钟形，檐部5裂；雄蕊4，着生于花冠筒中部；子房3室，仅1室发育。果为核果，长柱形，具宿存2枚萼片。秦岭地区较常见。（图84-22）

## 85. 败酱科Valerianaceae

图85-1 异叶败酱花序

### (1) 异叶败酱 *Patrinia heterophylla* Bunge

多年生草本。基生叶丛生，茎生叶对生。聚伞花序密集，顶生或腋生；花萼不明显；花冠黄色，筒状，檐部5裂片；雄蕊4枚；子房下位，3室，仅1室发育。瘦果长圆形或倒卵形。秦岭地区较常见。（图85-11）

图85-2 缬草花序

### (2) 缬草 *Valeriana officinalis* Linn.

多年生草本。根具强烈气味。基生叶早落或残存，茎生叶对生。聚伞状圆锥花序顶生；苞片羽状深裂；花萼内卷；花冠淡紫红色或白色，筒状，檐部5裂片；雄蕊3枚；子房下位，3室，仅1室发育。瘦果卵形，先端具羽状冠毛。秦岭地区较常见。（图85-2）

## 86. 川续断科Dipsacaceae

### 川续断 *Dipsacus asper* C.Y.Cheng et T.M.Ai

多年生草本，茎具6～8棱，棱上具疏刺。叶对生。头状花序圆形，顶生；总苞片狭线形；花萼浅盘状，4深裂；花冠白色或黄色,筒部细而较宽,檐部4裂片,2大，2小；雄蕊4枚；花柱线形。瘦果先端具宿存萼裂片。秦岭地区较常见。（图86-1，图86-2）

图86-1　川续断植株上部

图86-2　川续断花序

## 87. 菊科Compositae

### （1）向日葵 *Helianthus annuus* L.

一年生草本。叶互生。头状花序顶生；总包多层，假舌状花金黄色；不结实；筒状花黄色,檐部5裂；聚药雄蕊棕褐色，花柱2深裂。瘦果倒卵形或长椭圆形。栽培植物。（图87-1，图87-2）

### （2）紫菀 *Aster tataricus* Linn.f.

多年生草本。单叶互生，有长柄。头状花序在枝端排成复伞房花序，总苞片3层；舌状花雌性，蓝紫色；筒状花两性；雄蕊和花柱外露。果实倒卵状长圆形。秦岭地区分布普遍。（图87-3）

图87-1　向日葵花序（正面观）

图87-2　向日葵花序（侧面观）

### （3）狗娃花 *Heteropappus hispidus* (Thunb.) Less.

一年生或二年生草本。单叶互生。头状花序在枝端排成圆锥状伞房花序；总苞片3～4层；舌状花雌性，舌片淡蓝色至白色；筒状花两性，花冠先端5裂，雄蕊5枚；子房下位，花柱2。瘦果倒卵状长圆形。秦岭地区较常见。（图87-4）

图87-3　紫菀花序

图87-4　狗娃花开花植株

### （4）紫苞雪莲（紫苞风毛菊）*Saussurea iodostegia* Hance

图87-5　紫苞雪莲群落

图87-6　紫苞雪莲花序

多年生草本。叶互生，边缘具疏波状小牙齿和白色疏柔毛。头状花序生于茎端呈伞房状；总苞片4层；花两性，能育，全为筒状花；花冠紫色；雄蕊5枚，结合；果实长圆形，冠毛2层。秦岭高海拔地区较常见。（图87-5，图87-6）

图87-7　云南蓍开花植株

图87-8　云南蓍花序

### （5）云南蓍 *Achillea wilsoniana* Heimerl ex Hand.-Mazz.

多年生草本，茎上部被毛。叶无柄，二回羽状全裂。头状花序排列成复伞房状；总苞片3层；舌状花6～8，白色，先端3裂；筒状花白色或淡黄色。瘦果长圆形，具翅。秦岭地区较常见。（图87-7，图87-8）

### （6）大花金挖耳 *Carpesium macrocephalum* Franch. et Sav.

多年生草本。单叶互生，基部叶于开花前枯萎，下部叶具长柄。头状花序较大，总苞片3层，外围雌花较短，先端具5裂片，具退化雄蕊；中央两性花较长，先端具5中裂；雄蕊外露；雌花两性花均可结实。瘦果圆状卵形。秦岭地区较常见。（图87-9）

图87-9　大花金挖耳开花植株

### （7）和尚菜 *Adenocaulon himalaicum* Edgew.

多年生草本，被蛛丝状绒毛。单叶互生。头状花序排成圆锥状伞房花序；总苞片近1层；花冠全部筒状，外围雌花较短，先端4～5深裂；具退化雄蕊5；两性花细管状，白色，先端4～5裂。瘦果成圆锥形，密被具柄头状腺毛。秦岭地区较常见。（图87-10，图87-11）

图87-10　和尚菜植株

图87-11　和尚菜花序

### （8）蜂斗菜 *Petasites japonicus* (Sieb.et Zucc.)Maxim.

多年生草本，花茎中空，全株被白色茸毛或蛛丝状绵毛。茎部叶苞片状；中部叶后出。总苞片2层；头状花序多数，在茎端排成总状或圆锥状聚伞花序。花近雌雄异株；雌花白色，能育；雄花和两性花黄白色，不育，呈高脚碟状；瘦果无毛，冠毛白色。秦岭地区较常见。（图87-12，图87-13）

图87-12　蜂斗菜开花植株

图87-13　蜂斗菜花序

### （9）华蟹甲草（羽裂蟹甲草）*Sinacalia tangutica* (Maxim.) B. Nord.

多年生草本。叶互生，羽状深裂。头状花序多数，排列成塔形宽圆锥花序；总苞片5，线形；花黄色，舌状花2～3；筒状花5～7；瘦果圆柱形；冠毛丰富。秦岭地区较常见。（图87-14）

图87-14　华蟹甲草植株上部

### （10）蒲儿根 *Sinosenecio oldhamianus* (Maxim.) B.Nord.

一年生或二年生草本。单叶互生，具长叶柄。头状花序多数，在茎顶端排成复伞房状；总苞片13，花黄色，舌状花雌性；筒状花多数，两性，檐部常5裂。舌状花，筒状花均结实。舌状花果实光滑，筒状花果实被毛。冠毛长约3mm。秦岭地区较常见。（图87-15）

图87-15　蒲儿根花序

图87-16　肾叶橐吾开花植株（叶创兴拍）

## （11）肾叶橐吾 *Ligularia fischeri* (Ledeb.) Turcz.

多年生草本。叶互生，具叶柄。头状花序多数，在茎端排列成总状；总苞宽钟状，总苞片8；花黄色；舌状花雌性，筒状花两性；均结实。瘦果圆柱形。秦岭地区较常见。（图87-16）

图87-17　牛蒡开花植株

图87-18　牛蒡花序

## （12）牛蒡 *Arctium lappa* Linn.

二年生草本。基部叶丛生，中部叶互生。头状花序丛生或排成伞房状，总苞球形，总苞片披针形，先端钩齿状内弯。花全部为筒状，淡紫色，先端5裂；雄蕊5枚，花药紫色；子房下位。果实略呈三棱形表面具斑点，冠毛短刚毛状。秦岭地区较常见。（图87-17，图87-18）

图87-19　刺儿菜开花植株

## （13）刺儿菜 *Cirsium setosum* (Willd.) MB.

多年生草本。叶互生。头状花序单生于枝端，雌雄异株；雄株头状花序较小，雌株较大；总苞片多层。雄花花冠紫红色；雄蕊5；雌蕊不育。雌花花冠筒较长，紫红色；花柱细长，子房下位；瘦果椭圆形或长圆形。常见杂草。（图 87-19）

## （14）马刺蓟 *Cirsium monocephalum* (Vant.) Lévl.

多年生草本。叶互生，羽状浅裂至深裂，叶缘具小刺。头状花序单生枝端；总苞宽钟状，被蛛丝状毛；总苞片先端成长尖刺；全部为筒状花，花白色，两性，花冠筒檐部5裂，雄蕊着生于花冠筒中部，子房下位。瘦果长椭圆形。秦岭地区较常见。（图87-20）

（15）漏芦 *Stemmacantha uniflora* (Linn.) Dittrich.

多年生草本，全株被白色绵毛和短毛。叶基生或茎生，羽状深裂至浅裂。头状花序大，总苞宽钟形；总苞片先端具干膜质的附片；花两性，全部为筒状花；花冠淡紫色；雄蕊5枚，子房下位，花柱细长。瘦果倒圆锥形，冠毛刚毛状。秦岭地区较常见。（图87-21，图87-22）

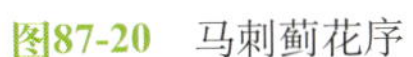

图87-20 马刺蓟花序

图87-21 漏芦植株

图87-22 漏芦花序

（16）华帚菊 *Pertya sinensis* Oliv.

小灌木。单叶互生或在老枝上簇生。头状花序单生于二年生短侧枝的叶簇间；雌雄异株；雌头状花序较大，花冠紫红色、紫色或粉红色，檐部5裂。雄头状花序较小，总苞片通常15；花冠檐部5裂，雄蕊5枚，子房败育。瘦果长椭圆形，冠毛黄褐色。秦岭地区较常见。（图87-23）

图87-23 华帚菊花枝

（17）毛连菜*Picris hieracioides* Linn. subsp. *japonica* Krylv.

二年生草本，全株具白色汁液。全株被勾状硬毛。叶互生。头状花序在枝端排成疏伞房状；总苞钟形，总苞片3层；全为舌状花，花冠黄色，具5齿；雄蕊5枚，聚药雄蕊；花柱细，柱头裂瓣细长。瘦果纺锤形。冠毛羽毛状。秦岭分布极为普遍。（图87-24，图87-25）

图87-24 毛连菜植株

图87-25 毛连菜花序

### (18) 蒲公英 *Taraxacum mongolicum* Hand.-Mazz.

多年生草本，具白色乳汁。叶基生，叶缘具细齿，波状齿，羽状浅裂至倒羽状深裂。头状花序单生花葶顶端；总苞钟状，总苞片2～3层；舌状花多数，舌片具紫色条纹；雄蕊黄色；果实稍扁，长椭圆形。冠毛白色，刚毛状。秦岭地区常见杂草。（图87-26至图87-28）

图87-26 蒲公英开花植株

图87-27 蒲公英花序

图87-28 蒲公英果实

### (19) 巴东黄鹌菜 *Youngia henryi* (Diels) Babc. et Stebb.

图87-29 巴东黄鹌菜开花植株

图87-30 巴东黄鹌菜花序

多年生草本，具白色乳汁。叶互生，羽状浅裂至深裂。头状花序顶生或腋生；排列成疏圆锥状花序；头状花序有小花11～15；总包圆筒状；总苞片2层；舌状花黄色；舌片先端5齿裂；果实长圆形。秦岭地区较常见。（图87-29，图87-30）



### (20) 抱茎苦荬菜*Ixeridium sonchifolium* (Maxim.) Shin

图87-31 抱茎苦卖菜花序

多年生草本，具白色乳汁。叶基生或茎生，基部耳状抱茎。头状花序组成伞房状圆锥花序;总苞圆筒状；总苞片2层；舌状花多数，黄色；雄蕊5，花药黄色；果实椭圆形，具细纵棱，冠毛白色。常见杂草。（图87-31）

# 单子叶植物纲 Monocotyledoneae

## 1. 眼子菜科 Potamogetonaceae

### 菹草 *Potamogeton crispus* Linn.

多年生沉水草本。叶互生，沉于水下，质地较厚。穗状花序紧密；花两性，花被片4，圆形，绿色；雄蕊4枚，无花丝；心皮4枚，分离。小坚果卵圆形，外果皮疏松贮藏空气借以浮水传播。秦岭各水域有分布。（图1-1，图1-2）

**图1-1** 沮草群落（张久东摄）

**图1-2** 沮草花枝（张久东摄）

## 2. 棕榈科 Palmae

### 棕榈 *Trachycarpus fortunei* (Hook.) H.Wendl.

常绿乔木状，杆直立。叶近圆形，掌状深裂至30～50裂片，具长柄，叶鞘纤维发达，抱茎。花小型，黄色；雌雄异株；肉穗花序包以多数佛焰苞；雄花雄蕊6枚，花丝分离；雌花3心皮3室。核果球形或长椭圆形。秦岭南坡低海拔地区较常见。（图2-1至图2-3）

**图2-1** 棕榈植株

**图2-2** 棕榈雄花序

**图2-3** 棕榈雌花序

## 3. 天南星科 Araceae

### （1）菖蒲 *Acorus calamus* Linn.

多年生沼生草本。叶剑形。全株具芳香味。肉穗花序黄绿色，佛焰苞绿色，叶状；花两性,花被片6枚；雄蕊6枚；子房长圆形。果实为浆果。秦岭地区较常见。（图3-1至图3-3）

图3-1　菖蒲群落

图3-2　菖蒲花序

图3-3　石菖蒲*A.gramineus* Soland.

### （2）天南星 *Arisaema heterophyllum* Blume

多年生草本。具地下球茎。叶单生，掌状分裂为11～15裂片，先端延伸为丝状。肉穗花序包以绿色佛焰苞，佛焰苞内面常具紫色条纹；花单性，雌雄异株；雄花多数，具2～5花药；雌花密集于花序轴上，子房1室。浆果红色。秦岭地区较常见。（图3-4至图3-6）

图3-4　天南星开花植株（雄株）

图3-5　天南星果实

图3-6　象天南星 *A.elephas* S. Buchet



### （3）独角莲 *Typhonium giganteum* Engl.

多年生草本。有块茎。叶与花序同时抽出，先端渐尖，基部箭形。佛焰苞紫色；花单性同株；花无花被，雄花具1～3枚雄蕊；雌子房1室。浆果卵形。秦岭地区较常见。（图3-7，图3-8）

图3-7　独角莲开花植株

图3-8　独角莲花序

### （4）半夏 *Pinellia ternata* (Thunb.) Breit.

多年生草本。具块茎。幼苗具单叶，老株叶片3全裂。花茎高出于叶，佛焰苞绿色；花单性同株，雌花贴生于佛焰苞下，位于肉穗花序下部，肉穗花序顶端具细长附属物。雄花浆果卵圆形。秦岭地区分布普遍。（图3-9至图3-11）

图3-9　半夏开花植株

图3-10　半夏叶

图3-11　半夏花序



## 4. 莎草科 Cyperaceae

### 脉果苔草 *Carex neurocarpa* Maxim.

多年生草本。秆三棱形。叶三列生。花序穗状圆柱形，由多数小穗密集而成；小穗卵形，雄雌顺序，绿带褐色；雄花具雄蕊3枚；雌花具1雌蕊，柱头2个。小坚果椭圆形。秦岭地区较见。（图4-1至图4-4）

图4-1 脉果苔草开花植株

图4-2 脉果苔草花序

图4-3 扁秆苔草*C. planiculmis* Kom.开花植株

图4-4 扁秆苔草花序

## 5. 禾本科 Gramineae

### （1）白茅 *Imperata cylindrica* (Linn.) Beauv.

多年生草本。叶多基生，叶鞘无毛。圆锥花序圆柱状；小穗含1两性花和1退化不育花，基部围以细长的丝状柔毛；外稃透明膜质，无脉，无芒；雄蕊2枚，花药深紫色；柱头2枚。秦岭地区较常见。（图5-1，图5-2）

图5-1 白茅群落

图5-2 白茅果序

### （2）鹅观草 *Roegneria kamoji* Ohwi

多年生草本。秆丛生。叶鞘光滑。穗状花序下垂；小穗绿色或带紫色，含3～10小花，外稃具芒，芒劲直。颖果顶端具毛茸，腹面微凹陷或具浅沟。秦岭地区分布普遍。（图5-3，图5-4）

**图5-3** 鹅观草群落

**图5-4** 鹅观草花序

### （3）雀麦 *Bromus japonicus* Thunb.

一年生草本。叶鞘外被白色柔毛，叶舌透明膜质。圆锥花序开展，多分枝；小穗幼时圆筒状，成熟时压扁；小穗含7～14朵小花，外稃具芒。颖果压扁。秦岭常见杂草。（图5-5，图5-6）

**图5-5** 雀麦群落

**图5-6** 雀麦花序



### （4）看麦娘 *Alopecurus aequalis* Sobol.

一年生草本。叶鞘通常短于节间。圆锥花序圆柱状；灰绿色；小穗两侧压扁，含1小花，两性，脱节于颖之下；颖等长；通常基部联合；外稃膜质，下部生芒；无内稃。颖果小。早春开花。秦岭常见杂草。（图5-7，图5-8）

**图5-7** 看麦娘开花植株

**图5-8** 看麦娘花序

图5-9 稗果序

### (5) 稗 *Echinochloa crusgalli* (Linn.) Beauv.

一年生沼生草本，秆光滑。叶鞘疏松裹茎，下部者长于节间，上部者短于节间。总状花序具分枝；小穗含2小花，外稃具芒。颖果椭圆形。秦岭地区较常见。（图5-9）

图5-10 狗尾草花序

### (6) 狗尾草 *Setaria viridis* (Linn.) Beauv.

一年生草本。叶鞘较松弛，叶舌为一圈纤毛。圆锥花序紧密为圆柱状；小穗具刚毛，刚毛宿存，绿色、黄色或变紫色；小穗椭圆形。颖果具细点状皱纹。秦岭常见杂草。（图5-10）

图5-11 秦岭箭竹群落

### (7) 秦岭箭竹 *Fargesia qinlingensis* Yi et J.X.Shao

灌木。秆无毛。秆箨枯草色，早落性；叶鞘紫色，叶片长圆状披针形。圆锥花序顶生；小穗含2至多花，淡绿色或暗褐色；颖膜质；雄蕊3枚；浆片3枚；花柱2枚，分离，柱头羽毛状；颖果纺锤形，黄棕色，成熟后肿胀。秦岭地区较常见。（图5-11）

## 6. 香蒲科 Typhaceae

### 宽叶香蒲 *Typha latifolia* Linn.

多年生沼生草本。叶片扁平线形，叶鞘圆柱形。花单性，雌雄同株，形成棍棒状的穗状花序，雌雄花序紧密相连；花被为简单或分叉的刺毛，常具小苞片；雄蕊2～3枚结合成单体雄蕊；雌花心皮单一，子房1室，具长柄。果实为小坚果，具宿存细长花柱。秦岭地区各水域较常见。（图6-1）

图6-1　水烛 *T. angustifolia* Linn.果序

## 7. 百合科 Liliaceae

### （1）百合 *Lilium brownii* var. *viridulum* Baker

多年生草本。地下鳞茎球形，鳞片肥厚。叶互生，无叶柄。花单生至数朵；花乳白色，具芳香；花冠筒漏斗形；雄蕊6枚，花药红褐色；雌蕊具长花柱，子房3室，柱头3裂。蒴果内含多数种子。秦岭地区较常见。（图7-1至图7-4）

图7-1　百合开花植株

图7-2　百合鳞茎

图7-3　卷丹*L. lancifolium* Thunb.

图7-4　山丹*L. pumilum* DC.

## （2）大百合 *Cardiocrinum giganteum* (Wall.) Makino

多年生草本。地下具鳞茎，鳞茎具少数鳞片；茎直立，中空。叶大，具长柄。花数朵组成总状花序；花被乳白色，中脉处带紫色；雄蕊6枚，与花被片对生；子房上位，3室，具多数胚珠。蒴果长圆形。秦岭地区较常见。（图7-5至图7-7）

**图7-5** 大百合幼苗（马骥摄）

**图7-6** 大百合花序（马骥摄）

**图7-7** 大百合花特写（马骥摄）

## （3）七叶一枝花 *Paris polyphylla* Sm.

多年生草本。具横卧的根状茎。叶片通常9～11枚轮生。花单生于叶轮中央；外轮花被片4～6枚，绿色；内轮花被片黄绿色，线形；雄蕊8～10枚；子房近球形，有棱。浆果状蒴果熟时绿带紫色。种子红色。秦岭地区较常见。（图7-8，图7-9）

**图7-8** 七叶一枝花开花植株

**图7-9** 七叶一枝花的花

## （4）萱草 *Hemerocallis fulva* Linn.

多年生草本。具肉质块根。叶基生，线状披针形。花葶高达1m，花序半圆锥状；具6～12朵花，花橘黄色或桔红色；花被片6枚，两轮排列，具花被筒；雄蕊6枚，两轮排列；子房上位，3心皮3室。蒴果具多数种子。秦岭地区较常见。（图7-10，图7-11）

图7-10 黄花菜*H. citrina* Baroni.花序

图7-11 萱草开花植株

### （5）蕨叶天门冬 *Asparagus filicinus* Buch.-Ham

多年生草本。块根较密集。叶退化，叶片常为叶状枝所代替。花小，淡绿色，常2朵生于一起；花被钟状，6片，基部结合；雄蕊6枚，着生于花被基部；子房3室，无柄。浆果熟时黑色。秦岭地区较常见。（图7-12，图7-13）

图7-12 蕨叶天门冬植株

图7-13 蕨叶天门冬花枝



### （6）土麦冬 *Liriope spicata* (Thunb.) Lour.

多年生草本。具肉质块根。叶基生，线形。花茎单一，顶生总状花序；花白色或淡紫色；花被片6枚，离生，两轮排列；雄蕊6枚；子房上位，3室。浆果球形，熟时黑色。秦岭地区较常见。（图7-14，图7-15）

图7-14 土麦冬植株

图7-15 土麦冬的花

## （7）玉竹 *Polygonatum odoratum* (Mill.) Druce

多年生草本。具肉质根状茎，茎常倾斜。叶互生，花单一或双生于叶腋；花被筒白色；雄蕊6枚，贴生于花被筒中部；子房卵形。浆果球形，熟时黑色。秦岭地区较常见。（图7-16至图7-18）

**图7-16** 玉竹开花植株

**图7-17** 黄精*P.sibiricum* Redoute 开花植株

**图7-18** 黄精根状茎

## （8）管花鹿药（少穗花）*Smilacina henryi* (Baker.) Wang et Tang

多年生草本。叶互生，6～9片。花白色或淡黄色，排列成疏散的总状花序；花被结合呈高脚碟状；雄蕊一轮，6枚；柱头近3裂。浆果红色。秦岭地区较常见。（图7-19，图7-20）

**图7-19** 管花鹿药开花植株

**图7-20** 鹿药*S.japonica* A.Gray 开花植株

## （9）西藏洼瓣花（高山萝蒂）*Lloydia tibetica* Baker

多年生草本。鳞茎狭卵形。叶基生，线形。伞房状聚伞花序具花1～5朵；花被橙黄色或下部稍带紫色，宿存；雄蕊6枚，底着药；子房上位，3室。蒴果长圆筒形，3裂，种子多数。秦岭海拔2500m以上高山地区有分布。（图7-21，图7-22）

图7-21 西藏洼瓣花（高山萝蒂） 开花植株

图7-22 西藏洼瓣花（高山萝蒂） 花序

### （10）葱 *Allium fistulosum* Linn.

多年生草本。鳞茎棒槌形或圆筒形。叶圆筒形，中空。花茎粗壮，中空，绿色；伞形花序顶生，具膜质总苞；花多数，白色；花被6裂；雄蕊6枚；子房3室。蒴果3室。栽培作物。（图7-23，图7-24）

图7-23 葱花序

图7-24 薤白*A.macrostemon* Bge.花序

### （11）万寿竹（山竹花）*Disporum cantoniense* (Lour.) Merr.

多年生草本。叶互生。花白色或紫红色；通常2～7朵聚成伞形花序；花序与叶对生；花被钟状，6裂；雄蕊6枚，花药背着；子房上位，3室。浆果熟时褐色。秦岭地区较常见。（图7-25）

图7-25 万寿竹（山竹花）开花植株

图7-26　藜芦植株

## （12）藜芦 *Veratrum nigrum* Linn.

多年生高大草本。叶互生，茎基部常包以纤维质叶鞘。圆锥花序顶生；花两性，暗紫红色；花被片6枚，宿存；雄蕊6枚，着生于花冠基部；子房上位，3室，花柱3条，宿存。蒴果3室，具多数种子。（图7-26）

图7-27　宽叶油点草花序

## （13）宽叶油点草 *Tricyrtis latifolia* Maxim.

多年生草本。叶互生，基部抱茎，叶面有油状斑。伞房花序具数花，顶生或腋生；花被淡黄色，有紫色斑点；雄蕊6枚，花丝上部弯曲；花柱3条，柱头6裂。蒴果长椭圆形，具三棱。秦岭地区较常见。（图7-27）

图7-28　曲梗算盘七开花植株

## （14）曲梗算盘七 *Streptopus obtusatus* Fassett

多年生草本。叶常5～7片，互生。花单生于上部叶腋；花梗具关节，关节处曲膝状弯曲；花被淡黄色，6深裂；雄蕊6枚；子房3室，球形。浆果球形，熟时红色。秦岭地区有分布。（图7-28）

图7-29　玉簪植株

## （15）玉　簪 *Hosta plantaginea* (Lam.) Aschers.

多年生草本。叶基生，宽阔，侧脉弧形。花葶高出叶上，单一，总状花序顶生，花白色，芳香；花被片6裂；雄蕊6枚；子房3室。蒴果狭长，种子黑色，有光泽。秦岭地区较常见。（图7-29）

## 8. 鸢尾科 Iridaceae

### （1）鸢尾 *Iris tectorum* Maxim.

多年生草本。叶剑形，两列生，基部抱茎。总状花序，具总苞；花蓝紫色，两轮排列，外轮花被片具深色网纹，有白色须毛；雄蕊3枚；花柱3分枝，扩大成花瓣状盖于雄蕊之上；子房下位，3室。蒴果革质。秦岭地区分布普遍。（图8-1至图8-4）

**图8-1** 鸢尾花序

**图8-2** 黄花鸢尾*I.wilsonii* C. H. Wright.花序

**图8-3** 马蔺*I.lactea* Pall. var. *chinensis* Koidz.开花植株

**图8-4** 马蔺花序

### （2）射干 *Belamcanda chinensis* (Linn.) DC.

多年生草本。叶剑形，两列生，基部抱茎。聚伞花序顶生；具膜质苞片；花橘黄色，花被两轮，基部合生成短管；雄蕊3枚，子房下位，3室。蒴果长椭圆形或倒卵形。秦岭地区较常见。（图8-5）

**图8-5** 射干花序

## 9. 薯蓣科Dioscoreaceae

### 穿龙薯蓣 *Discorea nipponica* Makino

多年生缠绕草本。单叶互生，具长叶柄。花单性，雌雄异株；雄花序穗状，花被片6枚，雄蕊6枚；雌花序通常单生于叶腋，下垂；子房下位，3室。蒴果宽卵形至长圆形，具3翅。秦岭地区分布普遍。（图9-1至图9-3）

图9-1　穿龙薯蓣雌花序

图9-2　穿龙薯蓣雄花序

图9-3　薯蓣 *D. oppesita* Thunb.

## 10. 兰科 Orchidaceae

### （1）广布红门兰
*Orchis chusua* D. Don

多年生陆生草本。具椭圆形或球形块根。叶通常2片。总状花序顶生，花紫红色；唇瓣有距，常常3裂；子房下位，无毛。蒴果椭圆形，具短柄。秦岭地区较常见。（图10-1，图10-2）

图10-1　广布红门兰开花植株

图10-2　广布红门兰花序



### （2）毛杓兰
*Cypripedium franchetii* Wils.

多年生草本。叶互生，3～4片。花单生，紫红色；唇瓣囊状；子房3心皮1室，密被长柔毛。蒴果倒卵形，弯曲。秦岭地区较常见。（图10-3，图10-4）

图10-3　毛杓兰

图10-4　扇脉杓兰*C.japonicum* Thunb.

### （3）羊耳蒜

*Liparis japonica* (Miq.) Maxim.

陆生草本。具2片基生叶。花序总状，具数朵花；花序轴具翅；花淡黄色；唇瓣位于下方,倒卵形；子房扭转，具短的子房柄。蒴果倒卵形。秦岭地区较常见。（图10-5，图10-6）

图10-5 羊耳蒜开花植株

图10-6 羊耳蒜花序

### （4）独蒜兰 *Pleione bulbocodioides* (Franch.) Rolfe

陆生小草本，生于岩石上。具假鳞茎，假鳞茎顶端生1片叶。花茎与叶同时抽出，顶端生1花；花粉红色或朱红色；唇瓣卵形，先端具不整齐流苏状，内面具3条鸡冠状纵褶片。蒴果近直立。秦岭地区较常见。（图10-7，图10-8）

图10-7 独蒜兰群落

图10-8 独蒜兰的花

### （5）毛萼山珊瑚

*Galeola lindleyana* (Hook. f. et Thoms.) Reichb. f.

大型无叶腐生草本。茎褐红色。圆锥花序由顶生或侧生的总状花序组成，总状花序具6～7朵花；花黄色，唇瓣兜状；子房线形，密被锈色短绒毛。蒴果狭椭圆形。秦岭地区较常见。（图10-9，图10-10）

图10-9 毛萼山珊瑚花枝

图10-10 毛萼山珊瑚花序

图10-11　流苏虾脊兰开花植株

图10-12　流苏虾脊兰的花

### （6）流苏虾脊兰 *Calanthe alpine* Hook. f. ex Lindl.

陆生草本植物。具小的假鳞茎。叶基生。总状花序顶生，花黄色和紫红色；极芳香，唇瓣有距；子房无毛，扭转。蒴果倒卵状椭圆形，具纵肋。秦岭地区较常见。（图10-11，图10-12）

图10-13　绶草开花植株

图10-14　绶草花序

### （7）绶草 *Spiranthes sinensis* (Pers.) Ames

陆生小草本。具肉质簇生成束的块根。数片叶基生，线状披针形。总状花序顶生，螺旋状扭转；花小，钟状，淡红色；常常偏于花序轴的一侧；花被片披针形；背萼片玉华般紧紧结合成盔；基部凹陷呈囊状。蒴果倒卵形。秦岭地区较常见。（图10-13，图10-14）

图10-15　凹舌兰块根

图10-16　凹舌兰开花植株

### （8）凹舌兰 *Coeloglossum viride* (Linn.) Hartm

陆生多年生草本。块根肥厚，近于掌状。叶互生，具3～4片叶。总状花序顶生，花绿色或黄绿色；唇瓣肉质，先端3裂，基部具囊；蒴果直立，椭圆形。秦岭地区有分布。（图10-15，图10-16）

(9) 杜鹃兰 *Cremastra appendiculata* (D. Don.) Makino

陆生草本植物。具假鳞茎。具1片叶。总状花序顶生，花偏于一侧；花黄色，唇瓣上稍带紫色；唇瓣近于匙形，基部具囊。蒴果近椭圆形，下垂。秦岭地区较常见。（图10-17，图10-18）

**图10-17** 杜鹃兰开花植株

**图10-18** 杜鹃兰花

(10) 银兰 *Cephalanthera erecta* (Thunb.ex A.Murray)Bl.

直立陆生草本植物。叶互生，通常具2片叶。总状花序顶生，具4～6朵花；花序基部具1～2片叶状苞片；花白色，直立，几与花序轴平行；唇瓣有距；子房线形，不扭转。蒴果长圆形。秦岭地区分布普遍。（图10-19）

**图10-19** 银兰开花植株

(11) 天麻 *Gastrodia elata* Blume

腐生草本植物。块茎肥厚。茎黄褐色，节上具鞘状鳞片。总状花序，苞片膜质；花淡黄绿色，萼片与花瓣合生成歪斜筒状，顶端5裂；子房倒卵形，子房柄扭转。蒴果椭圆形。秦岭地区较常见。（图10-20至图10-23）

**图10-20** 天麻植株

**图10-21** 天麻花序

图10-22　天麻花

图10-23　天麻块茎

# 学名（拉丁名）索引

## C

**N**



**O**



**P**

**Q**



**R**



**S**

**T**



**U**



**V**



**W**



**Y**



**Z**

# 中文名索引

M



N



P



Q



R



S